JN441171

강은혜 지음

그리움을 함께하신 예수님

- 내 젊은 날의 일기

꽃꽂이 전시장

꽃꽂이 전시장

▼세계박람회가 열리는 남항 2025. 4

일본: 한국어대회에서 1등을 한 조카

1978년

1월 8일

이제까지의 세월이 참 허무한 것만 같다. 인생은 허무하다고 항상 생각했지만 이토록 절실히 느껴보진 못했다. 무오년 이제부턴 신중한 삶을 영위하기로 한다. 자신을 위해 아름다움을 가꾸며….

사랑이란…. 울며 웃는 것이다.

1월 21일 금요일

"사람은 처음과 끝이 똑같아야 돼."

정말 뼛속에 사무치는 듯싶다. 내가 자기에게 대하는 면에서 처음과 현실의 언어 행실이 다르다는 게 아닐까. 정말 그럴 수야 있을까.

3월 10일

혼자란 게 정말 두렵답니다. 요즈음엔 건강도 좋지 못해 항상 피로에 지쳐서 잠시라도 당신 생각을 잊지 못합니다.

퇴근 후에 당신의 남방과 타이를 한 벌 사갖고 와 다시금 색 조화를 감상하는 중 노크소리가 났어요.

주인아줌마였어요. 방세를 올려야겠다는 것이었죠. 정말 서러웠어요. 통곡하며 울고도 싶었어요. 세상에서 제일 불쌍한 사람인 양 생각됐어요. 부모형제 또한 사랑하는 당신마저 없는 불쌍한 사람처럼 설움은 더욱더 복받쳤습니다.

모든 걸 잊으려 잠을 청했어요. 하지만 악몽을 꾸었어요. 너무나 무서운 꿈이었답니다. 돌아가신 할머님께서 살아오셨는데 섬찟했어요. 더 이상 혼자 못 있겠어요. 당신이 없는 몇 며칠, 몸도 아프고 식욕이 없어 체중이 2킬로그램이나 줄었어요. 무서워서 도저히 견딜 수가 없어 언니 댁으로 가려고 터미널에 가서 내일 차표를 예매하고 왔어요. 기반 잡힌 정상적인 우리의 보금자리를 마련하려면 아직도 3, 4년이란 세월이 남았다는 것에 조금 쓸쓸해져요. 한편으로는 그 세월이 지루하거나 자신 없진 않아요. 사랑이 중요하다는 걸 당신으로부터 배웠기 때문이죠.

4월 11일 화요일

열일곱 송이의 꽃들마저 나에게 속삭인다. 둘이서 다정하게 꽃들을 감상할 때는 온 세상이 내 것처럼 기뻤는데….

하지만 혼자 있는 시간은 꽃들마저 심각해지는 듯싶다. 얼마동안만 떠나있는데도 나는 싫다. 하지만 우리에게 주어진 크나큰 과제가 있지 않은가. 국방의 임무 말이다.

보내고 싶지 않은 그대. 두고 떠나고 싶지 않은 님. 어떻게 하겠는가? 이런 걸 생각하면 생각다 못해 괴로워진다.

차라리 침묵이 더 나을 성싶다. 옛말에 침묵은 금이라지 않는가. 그렇다고 나의 침묵으로써 금의 가치를 얻을 수 있을까? 그럴 수는 없겠지. 이 그리움도 괴로움도 당신의 대화로써 지우는 게 훨씬 나에겐 보람이 되리라 생각한다.

모든 사람들이 모두 각자의 방법으로 행복을 찾겠지. 나름대로 나도 행복하다. 먼저 마음을 주고받을 수 있는 그대가 있지 않은가.

감사하는 마음에 더욱더 효심이 지극한 며느리로써의 사명을 다 하려고 노력한다. 현대를 살아가는 한 여자, 딸, 아내로써도 말이다. 내 일생 다하도록 그대만을 위해 살리라고….

4월 12일 수요일

당신은 엄마제비
나는 아기제비
그리움은 아기의 먹이
당신은 아기먹이의 소유자
당신이 오시는 날

아기가 배고파 갈망하던
그리움은 사라지겠지요.

못 견디게 보고픈 밤에 영원한 당신의 옥

4월 13일 목요일

생각이란
　　생각하고
　　　　　생각하면
생각할수록
　　생각하는 것이
좋은 생각이라고
　　생각합니다.

어느 날 당신은 내게 무슨 일을 하기 전에 생각하는 사람이 되라고 했지요. 오늘도 당신만을 생각할 수 있는 시간과 당신을 향해 마음을 펼쳐 보내는 지금이 있기에 정말 행복합니다.

우리 비록 몸은 떨어져있지만….

4월 15일 토요일

오늘은 토요일. 틀림없이 편지가 와 있으리라 생각하고 친구의 약속도 거절하고 뛰었건만 정말 허무한 마음 금할 길 없네요.

은근히 걱정이 되네요. 그대 혹시 어디 편찮으신지 등…. 염려스럽군요. 매일매일 나만큼 나를 생각한다면 편지를 쓰지 않고는 견딜 수 없을 텐데 말이에요. 기다림에 지쳐 약간은 짜증스럽구요. 하지만 '나의 이 마음을 알고만 있다면….' 하는 순간 꼬마가 "고모 편지요." 하는 게 아니겠어요. 너무나 반가워 눈물을 쏟을 뻔했어요. 당신의 글로 인해 학창 시절의 선생님 생각이 났어요.

'사람은 슬퍼도 울지만 너무나 기쁘거나 반가워도 우는 것'이라던 선생님! 몇 번을 읽고 또 읽었어요. 편지의 후면은 한자 연습이라고 쓰였기에 하던 뜨개질도 멈추고 한문 공부를 했죠. 혼자서 하려니까 지루했지만 당신이 온다는 22일 만을 생각합니다.

4월 18일

시장에서 무, 오이, 당근, 부추, 생강, 새우젓, 잣…. 등등 준비를 했죠. 나의 마음은 온통 기쁨으로만 차있죠. 당신께 또 아버님께 드릴 부식 준비를 하는 마음 마냥 기쁘답니다. 어린애처럼 손가락을 몇 번이고 꼽았지요.

오늘은 이런 생각을 했어요. 우리 현재 이 상태에서 군복무만 마쳤다면 '얼마나 좋을까!'라고. 아니야, 이토록 그립고 갈망하는 마음을 느끼기 때문에 더 행복한지도 모르지! 하면서 마음을 달래곤 했죠.

직장도 다니기 싫고, 당신과 함께만 있고 싶으니 정말 큰일

났지요. 하지만 우리의 모든 것은 세월이 말해주겠지요?

4월 20일 목요일

마음은 어수선하다. 당신을 생각하면 토요일이란 게 너무나 먼 것 같고 아무런 준비도 못했던 생각하면 은근히 조바심에 사로잡히곤 한다.

하지만 인간이란 맘과 뜻대로 되지 않는 법. 인간이기에 괴로움이란 있을 수 있고 또 이런저런 괴로움에도 부딪친다는 것.

당신과 나의 시간들을 돌아본다.

77. 10. 1 우연한 만남이었다가 무의미한 희망에도 마음은 그대에게 가고 있었다. 일주일에 한 번 약속으로 계획적인 만남이 연속되었다. 그러나 왠지 부모님께 효도라는 마음이 나의 모든 걸 자꾸만 움직였다. 일주일에 한 번씩의 만날 약속이 어느새 일주일이면 7번으로 단축됐다.

77. 12. 3. 부여댁 부모님께 인사하러 하행했다. 드디어 부모님께 승낙을 받은 것이다.

78. 3. 26. 우리는 희망에 부푼 가슴으로 백년가약의 약혼식을 우리집 자택에서 올렸다.

4월 23일 일요일

아, 정말 기다리고 기다리던 님.

엄마, 아빠 모두 오신 것이다. 봉천동 식구들과 모두 함께 창

경원엘 갔다.

별로 즐거운 놀이는 못 되었다.

왜. 금전 여유가 부족한 때문이다. 부모님께 만족한 놀이를 못 해 드림에 정말 가슴 아픔을 느끼며 돌아왔다.

아침엔 식사대접에 바빴다.

4월 24일 월요일

정말 잊지 못할 날이다. 부모님께서 계신 봉천동으로 퇴근하고 갔다. 부모님 시내구경 가셨다가 조금 후에 오셨다. 어제의 피로도 있고 해서 빨리 집으로 가기로 했다. 자기는 엄마를 모시고 가자고 했다. 나는 회사 출근하려면 식사도 제대로 못해드리는데 어떻게 모시고 가느냐고 서로의 의견 충돌이 생겼다. 내 처지를 이해 못하는 것 같아 나는 그냥 혼자 앞서서 걸어왔다. 얼마 후에 그도 돌아왔다. 오자마자 술을 마시고 말싸움 끝에 병이 깨지는 소리가 '쨍' 하더니 그의 손에서 피가 흐른다.

이 순간으로 인해 나의 운명은 이대로의 불행으로 돌아갈 줄만 알았다. 하지만 나에겐 더 큰 과제와 부모님의 크신 사랑을 깨닫게 했다. 밤이 새도록 둘이서 울었다.

4월 30일

엄마께서 가셨다.

두 마리의 병아리를 떼어놓으신 채 가시는 것 같다. 사실 많은 정은 들지 않았지만 나는 시어머니를 통해서 따스한 정을 맛보게 된 것 같다.

엄마 역시 섭섭해서 눈물을 감추지 못하셨다. 엄마께서 떠나시는 순간 나는 엉엉 울었다.

5월 4일

또다시 외로운 밤을 지내야 한다. 그는 친구의 결혼식을 위해서 시골에 갔다. 우린 아직도 이런 외로운 나날을 극복해야 하는 건 까마득한 일이다. 난 단 하루라도 함께 있고 싶었다.

토요일에 나도 내려가기로 하고 그는 오늘 떠난 것이다.

5월 8일

시골에 다녀왔다. 부모님의 그리움도 있지만 더 중요한 목적은 그대와 함께 일요일에 올라오고자 하는 목적이었다.

서울에 오는 차가 없어 하는 수없이 대전 형님 댁에 머물고 새벽같이 올라왔다. 인천행으로 말이다. 부모님께서 손수지은 쌀을 많이 가져왔다.

5월 23일

그는 모내기 때문에 또다시 시골에 갔다. 또한 전세금 때문이기도 하다. 이런 문제를 부모님들에게 논한다는 건 고통스럽기 짝이 없다. 이젠 어떻게 그분들을 대해야 좋은지 정말 난처해 죽겠다. 나 자신 많은 나이에 객지생활 기반잡지 못함에 약간 후회를 느낀다. 2년이란 세월을 그저 실속없이 보냈다는 사실이 아닌가. 앞으로 나아가 지난날을 거울삼아 젊음과 용기와 끈기와 절재를 나의 인생에의 자본으로 삼고 일하련다.

5월 24일

사진을 본다. 5월 14일에 남산에서 찍은 사진이다. 휴일이라서 둘이서 남산을 갔던 것이다. 기념을 장식하기 위해 붕대 감은 손 그대로 사진을 찍었다.

5월 25일

잊어질까봐 장식하는 거야.

작은형님 생일날 시골에 갔을 때 엄마께서 말씀하셨다. 회갑 선물로 오징어와 길표 양말을 사가지고. 조카들 거는 아무것도 사지 않아 미안했다. 거기서 자고 네 집 식구가 모여 아침을 먹었다. 마음은 무척이나 흐뭇했다.

5월 26일

약간 당신이 알미운 생각이 든다. 이젠 얼마 후엔 국방의무로 우린 헤어져 있어야 한다. 그때 일을 생각해서 난 단 한 시간이라도 외로운 시간을 보내고 싶지 않다. 곁에 있어도 때론 약간의 아쉬움이 느껴지니 웬일일까. 왠지 나도 모르게 이 순간 밀려오는 감정이 짙어질까봐 수돗가로 간다. 어쩜 내일은 일요일이라서 물 사정이 좀 어려울 것 같아 이불빨래까지 지금하기로 했다.

5월 27일

휴일이라서 무척이나 한유하다. 이렇게 한유하게 보내는 시간 예전에 없었던 것 같다.

교회에 갔다 왔다. 이젠 이 시간을 오롯이 당신에게 맘껏 주려고 한다. 먼저 지난 일들을 더듬으면서 말이야.

티없이 맑게 보내던 그 시절들. 허무하게 보내고 그 무언가에 충격을 입은 실망의 인생 낙오자라고 해도 과언이 아니리라 생각되는 날들을 영위하던 찰나 나에게도 희망을 주는 사람이 있다는 것을 절실히 느꼈다. 당신과의 대화로써의 그것을 발견한 것이다.

얼마 전까지만 하더라도 오직 JX와의 교재로써 모든 걸 해결코자 했지만 한 사람의 힘을 빌어 온 나로서는 자꾸 신앙에 나태자가 되었다. 진리인 Q를 떠날 수 없고 영원성을 내포하고 있는 건 오직 JX 안에 거하는 길밖에 없음을 알면서도.

영적면을 떠난 나의 육체에의 평안함에 더욱 게으른 신앙을 유지하게 됐다. 그동안에 우린 많은 세월이 흘렀기에 이젠 떠나 살 수 없는 정과 정으로 결합돼 있음을 알았다.

사랑이 중요함을 크게 깨닫게도 됐고 그 모든 것을 사랑과는 바꿀 수 없음도 알게 되었다. 그럴 때마다 돈이나 배경은 아무것도 아님을 절실히 깨닫는다.

난 어느 사람 앞에서라도 그대와 가정의 평화를 자랑할 수 있다고 자부한다. 오직 한 사람으로 인해서 오는 행복을 위해서 더 이상 가정의 배경에 대해 말하지 않으련다. 오직 한 가정을 현모양처로써 이끌어가며 동기간들에게도 우애를 나누며 잘 살아가는 게 과제가 아니겠는가.

하루 24시간 중 한결같은 생각만 할 수 있다면 어떤 불행도 비켜갈 것이다. 앞으로 닥칠 외로움의 3년이란 세월도 무슨 문제가 있겠는가! 그 3년의 외로움도 지나고 보면 추억이 될 수 있지 않을까.

9월 13일

제발 나를 혼자 있지 않게 해주오. 이 밤도 잠을 이룰 수가 없어 몇 자의 글로나마 마음의 위안을 얻고자 해요.

지난 7월 달부터의 그 조마조마했던 그 마음도 이젠 한결 부드러워졌지만 더욱더 그리움의 노예가 되어가고 있으니 어떻게 해야 좋을지요.

혼자 있노라니 학생시절 때 읽었던 책, 시인 모윤숙 여사님의 『렌의 애가』란 책 구절구절이 생각납니다.

11월 13일

지금은 아주 고요한 새벽. 가능하면 이런 애달픈 시간을 갖지 않으려고 노력했지만 그리움을 떨칠 수가 없다. 잠깐 시골에 다녀온다고 집을 비운 그대, 겨우 이틀밖에 되지 않았는데 무척이나 보고 싶다.

평소엔 잠이 아주 많아 출근시간도 서두르던 나였는데 그가 없는 날이라서인지 영 잠이 오질 않는다. 목욕도 하고 손톱 매니큐어도 예쁘게 칠하고 더군다나 12시까지 빨래하고 자정이 넘어서야 취침을 했는데도 잠이 오지 않으니 무척이나 괴롭다. 하지만 어쩔 수 없다. 참아야지. 조금 후엔 많은 세월도 기다려야 하지 않는가?

때론 그이가 원망스럽다. 그렇지만 현실로 인해서 그이를 원망할 수는 없는 게 아닌가. 현실보다 중요한 건 미래가 아닌가? 아무튼 병역임무를 끝마치면 그 모든 게 해결되니까 말이야.

1979년

5월 1일

몹시 춥다. 아니 마음이 무척이나 춥다. 왜? 곁에 같이 있어야할 그가 없기 때문이다. 혼자 있다는 게 무척이나 고통스럽다. 그토록 모자라던 시간이 아주 많이 남아돈다.

어느 철학자가 하루에 명상의 시간을 단 몇 분이라도 가지라고 했다. 하지만 나에겐 너무나 많은 시간이 있지 않은가!

잠깐! 발자국소리에도 행여나 귀를 기울이는 나를 발견한다.

5월 2일

지금의 마음 정말 걷잡을 수 없다. 몸과 마음이 모두가 피곤하다. 오로지 휴식만을 취하고 싶다. 돈도 아무것도 귀찮다. 다만 엄마 아빠 곁에서 얼마간의 휴식이라도 좀 취했으면 정말 좋겠다. 모든 게 생각할수록 더욱더 괴로울 뿐이다. 아직도 기반이 잡지 못한 그가 원망스럽다. 남들은 벌써 귀여운 옥동자를 낳았느니 뭐니 하지만 난 지금도 행여나 마음 졸이며 산다. 모든 상념을 버리고 다시 태어날 수 있다면 좋겠다.

5월 3일

서울역으로 부모님 마중을 나갔다. 몹시 보고 싶던 엄마 아빠. 나이가 스무 살이 훨씬 지난 숙녀인데도 무척이나 기쁘다. 나는 다시 회사로 오고 엄마 아빠는 이모집 둘째오빠 결혼식에 참석하기 위해 가셨다. 나는 한참 후 이모집으로 갔다.

거기 모인 모든 이들이 부러웠다. 쌍쌍이 둥실둥실 춤을 추며 노래하는데 나만 외톨이다.

3월 18일에 결혼했던 큰이모딸 동갑네 옥주는 혼전에 임신했다고 한다. 어느새 배가 부르다. 역시 부러울 수밖에 없다. 나도 빨리 남들처럼 행복하게 어여쁜 자녀 낳아 기르고 부모님께 자식노릇 잘하며 살고 싶다. 부모님을 집으로 모시고 싶었지만 이모 댁에서 주무셨다. 사실 내가 사는 모습 보시면 더욱 가슴 아파하실 텐데 한편 잘 된 것도 같다.

5월 11일 금요일

물론 오늘도 늦은 퇴근이다. 그는 친구 학교 축제라고 갔다. 오늘도 친구를 만났으니 몇 시쯤이나 되어야 귀가할지 의문이다. 그이의 심정을 이해하지 못하는 건 아니지만 짜증이 난다.

지금은 10시 40분, 하지만 아직도 아무런 소식이 없어 초조

함 그지없다.

7월 19일

이별이란 언어, 자체는 어느 누구도 싫어합니다. 이별이란 오직 서글픔이기 때문이죠. 난 혼자가 싫어요. 너무나 외롭기 때문이죠. 두 밤만 자면 만나게 될는지 모르겠어요. 바로 시골로 가실지 모르니까요. 어쩜 이곳으로 바로 올 걸로 믿고 있어요.

정말 보고 싶은 당신, 정말 그리운 당신.

7월 25일

미치도록 당신이 그리운 밤입니다. 이 세상의 그 아무것도 모두가 싫어집니다. 오직 당신의 사랑만이 그리울 뿐입니다.

직장도 일도 모두 뿌리치고 오직 당신 곁으로 가고 싶습니다. 하지만 우린에겐 보이지 않는 이 그리움에 십자가를 짊어져야만 어느 누구도 부럽지 않게 살 수 있는 내일이 있는가 봅니다.

실낱같은 꿈이라도 꾸며 마음의 위안을 얻으려 노력합니다. 흐느끼며 울고 싶고, 내일이 없다면 밤새우며 자기에게 글로나마의 마음을 쏟아내고 싶습니다.

7월 28일

어느 날보다 더 일찍이 잠에서 깨어났다.

오늘은 당신께서 오시는 날, 정말 하루하루가 무척이나 지루한 나날들이다.

약 14시간 정도 지나면 만날 수 있겠지? 만나면 제일 먼저 무슨 얘기를 할까! 또다시 가시지 않고 곁에 있었으면 정말 좋겠다.

8월 6일

한없이 그립고 너무나 그립다 못해 약간은 원망스럽기까지 합니다. 오늘은 더욱더 피곤했어요. 매일 같은 골목길을 올라오려면 그냥 올라올 수 없는 정말 딱하고 서글픈 마음 금할 길 없네요. 당신과 나의 그 아름다운 사랑의 열매인 아가 때문이죠. 당신이 곁에만 계신다면 모든 건 두말할 나위도 없지만 안타까운 마음 그지없습니다.

왜 우린 이렇게 떠나 있어야만 하나요! 나 자신도 알지만 정말 정말 그리우니 어떡하면 좋아요.

하루, 이틀, 사흘…. 52일만 있으면 지루하고도 섭섭한 직장과의 이별을 하고 당신 곁에만 있음에 가슴이 저절로 뿌듯해집니다. 내일이 있기에 이만 하고 실오라기 같은 희망을 안은 채 꿈길로 가렵니다. 그럼 안녕.

8월 20일

눈물이 겹도록 정말 그립습니다. 당신의 편지 정말 고마웠어요. 어느새 눈에는 눈물이 고였습니다. 왜? 외로움도 그리움도 보고픔도 모두겠지만 더욱 귀중한 당신의 고마움 때문에 정말 글을 쓰지 않고는 이 순간을 견딜 수 없습니다. 그토록 생각해 주는 나의 당신이 있기에 외로움도 그리움도 보고픔도 모두 억제할 수 있답니다. 정말 고마워요.

11월 3일

오늘 우린 제2의 인생길인 결혼식을 논산중앙예식장에서 11시에 올렸다.

11월 24일

눈에서 물이 나왔다. 바로 눈물이라고 하지. 11월 3일 정식 결혼식을 하고 그동안 시집 밥을 먹었던 것이다. 정말 여자의 일생이란 이런 건가 보다. 월동준비를 위해 김장을 해야 했다. 몸마저 무거워진 나로서는 정말 힘겨운 일이 아닐 수 없다. 토요일이라서 평일 때보다 일찍 귀가할 거란 그이마저 오후 5시가 넘어서야 귀가했다. 정말 얄미웠다. 별 생각이 다 들었다. 사랑! 오직 남편 한 사람을 위해 내 인생을 희생하며 산다는 게 무척이나 안타까웠다. 정말 흐느끼면서 울었다. 내 인생이 이토록이나 초라해야만 하나. 생각하니 서럽기 짝이 없었다.

사실 결혼식 날부터 별 기분은 나지 않았다. 넉넉지 못한 생활이라서인지 나로서는 섭섭함 그지없었다. 하지만 그를 만난 그 순간부터 생각했듯이 오직 사랑과 순결로써 맺어진 인연이지 않은가. 스스로를 사랑으로 다져야겠노라고 달래본다. 하지만 육신이 고달픈데도 곁에 그가 없으니 정말 얄밉다.

밤 9시가 조금 지나서야 안방에서 그가 건너왔다. 배가 고프다며 간식을 가지고 왔다. 순간 미움이 사라지며 애정만이 깃들었다. 낭군님이 한없이 불쌍해졌다.

어느 사람보다 일찍 나란 여성을 만나 가정에 얽매였고 또한 현실의 국방의무에 매인 몸으로 맘껏 사랑해 주지 못함에 가슴 아파하는 당신이지 않은가. 그러기에 평생을 함께할 수 있으며 그러기에 부부인가! 하고 생각하며 잠자리에 든다.

11월 26일 월요일

어제는 휴일이라서 그도 함께 집에 있었다. 하지만 김장을 하느라 둘만의 시간은 가지지 못했지만 곁에 있어주는 것만도 좋았다. 오늘은 정상 출근했다.

평소와 다름없이 아침을 마치고 도시락 챙겨주고 설거지하고 청소하고 세수하고 이것저것 하다보면 하루가 간다. 정말 내 인생이 이게 아닌데 싶기도 하다. 큰동서란 형님 정말 지저분하기 그지없다. 자기 속옷 벗어서 그냥 팽개치고 입었던 옷 뒤집어 벗은 채 두고 자기 신랑 재떨이 한 번 비우지 않는 칠칠이 동서 밑에서 무얼 배울 것인지 한심하다.

아무리 고달픈 하루하루래도 내 인생에 조금의 보탬이라도 될 수만 있다면 이토록이나 가여운 나날이 되진 않을 텐데.

지금 시각은 오후 3시. 2시간 30분 후면 낭군님께서 돌아오시겠지. 남들이 생각할 땐 무척이나 우습겠지. 오직 신랑만을 밝힌다고 말이다. 하지만 내 인생 오로지 그대를 위해서 모험을 하고 있지 않은가?

또 다시 엄마가 생각난다. 한없이 가엾은 우리 엄마. 티없이 맑게만 키워 준 엄마. 어느 집 딸들보다 더욱더 부족함 없이 해주시던 엄마. 이 세상 어느 곳에든 우리 엄마의 생활신조는 없으리라. 요즘 새삼 절실히 느끼곤 한다.

12월 4일 화

매일 반복되는 생활이다. 어김없이 아침 7시경에 잠자리에서 억지로 일어난다. 하지만 부엌에 가면 눈치가 보인다. 늦게 일어나서다.

7시부터 시작되는 하루일과 헤아릴 수 없는 나의 중노동은 오후 6시경에야 끝이 난다.

하루 온종일 한참 앉아있을 수 없다. 나에게는 무척이나 힘겨운 일이다. 그렇지만 시어머님은 내가 편해서 배 속에 아가가 너무나 클까봐 근심스럽단다. 정말 섭섭하다.

언제인가 김장준비로 과했던 손목이 여간 시큰거리지 않다.

아침엔 조금 괜찮다. 하지만 저녁이면 고통을 느끼곤 한다.

글을 쓰는 대도 약간의 불편함이 온다. 생각 같아선 친정집에 가서 언제까지라도 오고 싶지 않다.

이 생활은 너무나 지겹다. 자기를 위해서라도 참고 견디려 해도 어쩔 수 없는 괴로움, 정말 억제하기 힘겹다. 시어머님께선 친정에 머물지 못하게 하신다. 하지만 나로서는 이 말씀만큼은 거역할 수밖에 없다.

자기 앞에서 힘들다는 얘기도 한두 번이지 정말 이젠 염치도 없다. 괜히 말 많은 여자가 되는 건 사실이라 어떻게 해야만 내 위치에 맞게 웬만한 생활을 영위할 것인지 혼자 결단을 내릴 수가 없다.

먼저 아가 때문이다. 많은 나이에 초산을 하고 싶지 않았던 나의 생각이 여간 큰 잘못이 아닌가 싶다.

그는 어제부터 휴가를 받았다. 언감생심이지만 잠깐의 여행 생각이 났다. 하지만 불가능하다. 목욕하러 간다고 2시에 나선 그는 7시가 지나도록 아직도 돌아오질 않는다. 얄미우면서도 행여나 하는 마음으로 조바심 난다.

12월 17일 월요일

친정집에서의 한유한 시간, 물밀듯이 밀려오는 그리움. 결혼 후인데도 떨어져 있는 그대와 나. 당신 역시 마음이 아프겠지만 그리움의 노예가 되어버린 지금 육체의 고통도 아랑곳없이 그립기만 하다. 나없인 못살겠다고 빨리 오라고 하던 말이 자꾸만 나의 마음을 사로잡곤 한다. 정말 그립다.

12월 31일 일요일

1979년이 마무리 되는 날이다. 그대 곁에 있다면 새로운 설계로 아기자기한 얘기에 젖어 있을게다. 하지만 무의미하게 아무런 의식도 없이 하루가 지루하다고만 느끼고 있다. 이 밤만 지나면 그리운 그가 오기에….

내일 그가 오면 함께 집에 가기로 했다. 하지만 집에 가면 또 다시 육체의 고달픔이 시작된다. 사랑하는 당신을 위해서라면 아무리 고달파도 참아야하지만 힘든 건 힘든 거다. 당신 역시 이 밤이 빨리 지나가길 기다리겠지. 당신은 이상한 사람이야. 다른 사람 같으면 하루를 떨어지질 않으려고 할 텐데 왜 친정에 가려고 하느냐고 하던 말이 생각난다.

부모님, 형제에게 효녀 노릇 한 번, 언니, 누나 노릇 한 번 제대로 못하고 출가외인이란 이름을 단 나. 필요할 때만 와서 머무르다 가는 나, 생일만큼이라도 기억해 두고 싶어서 이 글을 쓴다.

모든 날짜는 음력이다.

아버님: 10월 20일 토끼 26
어머님: 9월 27일 뱀 28

큰언니: 8월 8일 쥐 48
작은언니: 8월 1일 호랑이 50
나: 5월 21일 원숭이 56
차남: 1월 7일 닭 57
문순: 10월 11일 돼지 59
성문: 11월 16일 호랑이 62
성열: 6월 17일 뱀 65
성귀: 10월 1일 양 67
3남 5녀 중 셋째 딸인 나.

순간 대문소리와 함께 내미는 그대 얼굴 정말 반가움은 이루 말할 수 없다. 내일 온다기에 이 밤이 새기만 기다리던 마음 어디론지 사라지고 오로지 기쁜 마음이다. 정말 이 마음을 어떻게 표현하랴! 더없는 행복에 젖어 끝없는 나래를 편다.

1980년

1월 5일

왜 그는 말주변이 없는지 도무지 알 수가 없다. 시어머님께 무어라고 말씀을 드렸기에 엉뚱한 말씀을 하시는지? 서로가 그리워서 데려왔다고 말을 해야지 내가 친정집에 있을 형편이 못되어 온 것처럼 말을 해서 어머님은 그렇게만 알고 계신다.

동네사람들한테마다 하시는 말씀이 거기서 몸을 못 풀게 생겨서 왔다고. 정말 섭섭하기 짝이 없다. 그대는 나란 존재가 있다는 게 어른들께 무척이나 민망하고 쑥스러워서 둘러댄 것 같지만 떳떳하게 사랑의 표현을 하지 못하는 걸 보면 은근히 화가 난다.

1월 26일 토요일

오늘은 제2세의 첫 번째 탄생일이다. 나는 1980년 1월 26일(음 12. 9) 아들을 탄생시켰다.

어제저녁부터 배가 아프기 시작하더니 오늘 아침에는 도저히 일어날 수가 없었다. 그래도 아침을 먹고 어머님과 함께 논산 변산부인과로 갔다. 진찰을 받으니 오후쯤에 몸을 풀겠다고 했다.

시간이 흐름에 따라 통증이 말할 수 없이 왔다. 오후 1시 17분에 나의 아기가 탄생했다. 그러고 얼마 후 그가 왔다. 오후 5시에 병원차로 집으로 왔다. 집에 와서 대신 나 대신 아빠가 글을 쓰고 있다.

아가의 건강과 예쁘게 훌륭하게 자라주길 바라는 마음뿐이다. 아울러 당신의 몸이 빨리 회복되길 바란다.

여보. 오늘은 정말 수고가 많았소. 다음에 꼭 그 심정 알아주겠소. 앞으로 아가를 잘 길러 봅시다.

앞으로는 이 일기장이 슬픈 일만 적을게 아니라 기쁜 일만 적도록 합시다. 내가 한 페이지를 보니 정말 찢고 싶었어. 그러니 좀 더 즐거운 일을 추억에 남깁시다. 슬픈 일을 추억에 남겨서 무엇이 좋겠소. 정말 오늘 수고 많았소. 우리아가 몸무게가 3.5㎏ 아빠 씀

2월 12일 화

우리 아가 탄생. 양 1. 26. 오후 1시 17분

백일 양 5. 4. 음 3. 20.

귀엽고 예쁘게만 생긴 우리 아가. 얼굴부터 발가락까지 아빠

만 닮았다. 약간은 얄밉다. 아빠만 닮았기 때문이다. 하지만 하얀 피부는 나로써의 소원 중의 소원을 성취시킨 셈이다.

거무스름한 나의 피부가 나 자신을 얼마나 괴롭혔던가. 자기와 나의 사랑의 열매인 아가. 정말 어느 집 아가보다 더욱 총명하고 훌륭하게 키워야지. 어느 누구도 부럽지 않다.

우리 아가에게 베풀고 싶은 사랑, 입히고 싶은 예쁘고 좋은 옷, 아빠 엄마 먹고 싶은 맛있는 음식 모든 게 자유롭게 살 수 있는 그날 아가야! 너를 귀여워 해주시는 할아버지, 할머니도 함께 모시고 살고 싶지. 그래 아빠께서 병역을 마치고 좋은 직장 잡아서 기반을 잡는 대로 모시도록 하자. 아가야. 그럼 아빠도 무척이나 기뻐하실 거야. 할아버지, 할머니께서 아빠를 낳으시고 너무나 노산을 하셨다고 남부끄럽고 아빠의 장래 때문에 여간 마음이 슬프지 않으셨단다. 그런데 어느새 우리 아가처럼 어여쁜 손자를 보셨다고 생전에의 원이 없으시다고 하셨단다. 아가야! 이젠 할아버지께서 우리 아가 학교 다니는 걸 보시고 돌아가시는 게 더없는 소원이시란다. 튼튼하게 총명하게 훌륭하게 자라다오.

4월 30일 수요일

정말 우리 아가에게 미안하다. 먼저 엄마로서의 본분을 다하지 못하고 있다고 생각되어서다.

우리 아가 탄생하기만 해도 우리 아가의 성장 과정을 하나하나 기록하여 앞으론 모든 걸 알게 되면 선물로 주어야겠다고 했던 엄마가 아니었던가! 하지만 기록은커녕 매일매일 현실에 투정만 하느라고 늦장만 부렸던 까닭이다.

또한 기록하는 시간이면 아가의 옆에 앉아 얼굴을 더 보고 싶어서이다. 그러나 아가의 얼굴을 보는 것도 중요하지만 이 기록이 더욱 중요함을 알기에 이 시간을 초래한 것이리라.

우리 아가는 왠지 대변을 묽게 눈다. 3~4일 누어야 좋다고들 하는데 말이다. 매일 누면서 산똥(멍실멍실)을 누고 있다. 항상 마음이 거슬린다.

아가와 아빠 나 셋이서 4월 3일 외갓집에 갔다. 그때부턴 어쩜 똥을 그리도 예쁘게 누는지. 외갓집에 7일 머물고 외할머님을 따라 서울에 갔다. 4월 18일 할머님 생신 전날 집에 왔다. 다시금 매일 누면서 묽게 눈다. 아마도 수돗물의 영향 때문이리라 생각된다. 수돗물을 먹으면 좋아지니 말이다.

4월 29일

3월 12일 보건요원인 아가씨 MISS 정이 직접 방문하여 우리 아가에게 BCG 예방주사를 주었다.

날씨가 무척이나 추운 관계로 아가씨의 손이 무척이나 차가웠던지 우리 아가의 몸에 대는 순간 무척이나 울어대었다.

4월 10일이 되어서야 약간의 표 빨간색으로 붉혀졌다. 지금도 빨갛게 되어있다.

4월 29일 논산 김소아과에 가서 OPT 1차 예방주사를 맞혔다. 체중을 보니 표준아의 체중보다 훨씬 넘는 7.8kg의 체중을 지니고 있었다. 표준아의 체중을 웃돈다. 순간 정말 기뻤다.

갓 낳았을 때의 아가와 지금의 아가를 생각하니 정말 기쁨만이 마음에 가득하다. 우리 아가를 보는 사람마다 모두 심심찮은 치사를 한다. 너무나 귀엽게 튼튼하게 생겼다는 것이다.

정말 우리 아가야 고맙다. 계속 모든 사람에게 귀염받는 어린이로 성장하여 장차 이 나라의 훌륭한 일꾼으로 엄마 아빠에게 효도하는 더없는 인물이 되어다오. 아빠도 아가만 보면 싱글벙글한다.

우리 아가는 꼭이나 내가 제일 이쁘게 생각하는 쥐꼬리 무를 닮았지. 약간의 길쭉하면서도 턱밑으로 옆으로는 동그랗게 생긴 무 말이다. 정말 예쁘게만 생겼지.

솔직한 심정이다. 우리 아가를 이대로 두고 가공의 우유를 먹이면서까지 직장에 나가고 싶지는 않다. 하지만 장래에 경제적인 문제로 교육에 지장이 온다면 지금 우유를 먹고 자람보다 더욱 못하리라고 생각한다. 그렇다고 또한 시골에서 이대로 머물고 싶진 않다. 우리 아가를 위함과 나 자신도 위함이다.

아빠로부터 부모님 식구모두의 허락하는 대로 외갓집에 가서 좀 편하게 머물고 싶다. 제발 허락 좀 해주셨으면 하는 마음 간절하다.

5월 7일

5월 4일 우리 아가의 백일이었다. 정말 감사드리고 싶은 건 우리 아버지 그러니까 아가의 외할아버지께서 와주셨다. 너무나 어려우신 출타를 해주셨기 때문이다. 더군다나 아가의 금반지와 옷까지 해주신데 더욱 민망스러운 마음 금할 길 없다.

정오가 다 돼서야 도착하셨다가 점심만 드시고 섭섭하게 바로 떠나셨다. 미리 사진 촬영을 부탁했지만 시간상 어머니와 아버지는 사진도 못 찍고 가셨다. 더욱더 가슴에 섭섭한 마음만이 가득했다.

우리 아가 사진 촬영 여러모로 찍었는데 어떻게 나왔는지 무척이나 궁금하다.

5월 17일 토요일

아가는 엄마의 등에 업고 그이를 그리워한다.

주말이라서 '종점' 연속극을 시청했다. 김자옥이 맡은 역이 정말 얄밉다. 난 진정 그런 사랑을 하고 싶지 않다. '경제적 사랑' 지금이 아닌 과거에도 그런 사랑을 원했더라면 지금에서 이런 외로움은 없을 거라고 생각하지만 진정 싫다.

어제 바로 5월 16일 그이로부터 전화를 했다. 정말 반갑고 기뻤다. 진정 그이의 사랑만이 만족할 뿐이다. 현재는 아가와 둘만이 친정집에 있을지언정 말이다.

그이처럼 자상하고 인정 많은 남성은 없으리라 믿는다. 정말 그이에게 미안하다. 사랑하는 아내와 아들이 그 얼마나 보고프고 그리울까 말이다.

하지만 현실에 처한 그이이기에 모든 걸 억제하며 살고 있으리라. 정말 그이가 밤마다 홀로 외로워할 걸 생각하면 걷잡을 수 없도록 마음이 괴로워진다. 내 심정인 양 때때로 아가가 운다. 그럼 행여나 아빠가 보고파서 우는가 싶어 진정 가슴이 아파온다. 눈시울이 뜨거워진다. 아빠 역시 얼마나 보고 싶을까!

모든 걸 참으며 꿈속에서나 만나보리라는 한 가닥의 꿈을 안고 잠자리에 든다.

5월 25일

아가의 머리를 깎았다. 아빠가 깎았다.

세상이 온 지 120일 만이다. 더욱 튼튼하고 총명스런 아가로 보인다. 그이도 여간 기뻐하지 않으신다. 어쩜 이처럼 예쁜 아들을 낳았느냐고 말이다. 그이의 베풀어주는 사랑에 아가와 나는 더없이 행복하다.

지난번 '종점' 연속극을 보고 장식했던 글처럼 그이의 사랑관

념이 공통이다. 바로 경제적 사랑이 아닌 것이다. 우리는 오순도순한 말을 주고받다가 그이는 나에게 이런 말을 했다.

"여보! 돈에 너무나 신경 쓰지마. 돈이 없어도 이처럼 아껴주며 사랑하는 것이 진짜 행복이야."

정말 그렇다. 어느 누구보다도 더 사랑하며 안으며 아끼며 서로를 존경한다. 그이의 그 말은 진정코 헛된 말이 아니다. 오로지 고마울 따름이다. 너무나 고마워 잊을 수가 없다. 이 세상 다 하도록 그이와 나의 인생을 개척하며 살리라.

우리의 행복이라면 무엇이든지 서슴없이 할 수 있는 내가 되어야겠지.

6월 16일 월요일

아가의 몸에 약간의 감기기운이 있다. 그래서 어제도 오늘도 김소아과에 갔다. 우리 아가를 보는 이마다 부러운 찬사는 아빠와 나의 마음을 여간 기쁘게 하는 것이 아니었다.

보는 이마다 우량아 선발대회에 꼭 나가보라는 것이다. 우리도 한 번 참가해볼 의향이다. 영광을 차지한다면 더욱 기쁘겠지만 농촌에서의 식생활로 인해서라도 우량아가 된다는 것은 한층 더 바람직함이다.

우리 아가는 정말 나의 자식이고 아빠의 자식이니까 우린 물론 귀엽고 예쁘겠지만 모든 사람들도 한결같은 찬사다.

남들은 정말 대통령 감이다라고들 한다. 하지만 나는 대통령은 되라고 하고 싶지 않다. 그만큼 나라살림을 하자면 정신적인 노동을 필요로 하니까 가정적인 면에서는 항상 외롭다. 우린 그저 남보다는 좀 우러러볼 수 있는 직책 아래서 행복하게 살 수 있도록 해주고 싶다.

"크게 될 놈은 떡잎부터 알아본다"는 옛말이 있다. 우리 아가는 좀 다른 면이 있나싶다. 뛰어나게 다른 점은 그다지 방정스럽게 웃지 않고 좀 참을성 있다고 생각한다.

주사를 맞으나 어느 곳에 충격을 주어도 조금 찡그릴 뿐이다. 옆에서 아가는 잠을 자고 있다. 아빠는 군 근무차 면사무소에 갔지. 아가의 모습 더없이 예쁘기만 하다. 어쩜 저토록이나 탐스럽고 예쁘게 생겼을까. 정말 어느 누구에게도 자랑하고 싶다. 이 세상에서는 둘도 없으리라. 아가는 이렇게 엄마 아빠를 기쁘게 해주는 대가로 엄마도 쉬지 않고 인생 공부를 열심히 해서 결코 어느 사람에게도 뒤지지 않도록 해야겠다. 그럼 먼저 지식과 교양을 쌓아야 되지 않을까!

아쉬운 펜을 놓으며 여성중앙에 눈길이 옮겨진다. (우리 아가 체중 9kg 표준아 7.35kg)

6월 30일 월요일

엊그제 토요일을 맞아 아빠가 보행기를 사왔다. 또한 지난번에 찍어놓은 사진도 찾아왔다. 믿음직스런 아가의 모습에 기쁘기가 그지없다.

나의 이 믿음직스럽고 예쁜 아들의 사진을 외갓집에도 보내기로 했다. 이젠 시골생활도 어언 2달 반 정도 남았다. 한편 생각하면 하루 한시도 지겹다.

하지만 한편은 섭섭함도 없지 않아 있다. 사실 경제적으로 풍만하지 못한 시골생활인지라 어쩔 수 없는 시련이지만 가장으로써는 아이디어의 개발이 좀 필요하지 않을까 생각한다.

크리스천으로서 생활하고 싶다. 언제인가는 그이도 예수를 믿고 크리스천이 되겠다고 했으나 지금에 와선 아주 막무가내다.

나는 진실로 천당에 가고 못가고 보다 먼저 마음이 화평해서 좋다. 또한 이 험악하고 죄 된 세상에서도 지식인과 모든 이들이 예수그리스도 안에서는 평등하기에 그게 무척이나 마음이 끌린다.

또 맘껏 찬송할 수 있고 유식해질 수도 있는 게 바로 예수 그리스도의 힘이다.

7월 1일 화요일

(1) "나는 자녀를 이렇게 교육시키며 키우기로 한다."

먼저 독립심을 기르며 둘째 인간은 좀 깔끔하고 정숙해야 된다. ① 자기가 입는 옷은 자기 옷걸이 정리. ② 자기의 공부방은 자기의 힘으로 외출복, 평상복 등등 여러 가지들이 있다.

셋째 식생활에 있어서의 투정

① 엄마가 해주시는 대로

② 밥상 앞에선 아무 말 없이

넷째 '밥도 예쁘고 맛있게'

인사성을 생활화 시킨다. 학교에 오나가나 부모님께 보고 할 것.

여기의 몇 가지는 일상생활에서의 가정교육이다. 아무리 똑똑하고 잘난 사람도 가정의 교양이 없으면 인간 대우를 받기가 어렵다.

(2) 나는 어른 노릇을 이렇게 하겠다. 먼저 손아래사람 앞에선 더욱 정중히 하며 어떤 사소한 일에도 깔끔히 해야 된다는 걸 명심한다. 왜 윗사람의 대우를 받기 위해선 더욱 어려운 일이 아닐 수 없기에 항상 솔선수범해야 한다. 여자는 정숙하고 깔끔하게 살림을 해야 만이 어느 사람이 보더라도 우러러 본다. (예를 들어본다)

① 장단지 덮개도 예쁘게 가위로 오려서

② 찬장정리, 상포정리, 붙박아지, 간장병뚜껑, 칼도마 정말 이루 말할 수 없이 많다.

여기의 나열된 건 내가 생활하면서 절실히 느낀 것이다. 정말 우리 친정엄마의 살림하는 것과는 천지 차이라고 하고 싶다.

더욱더 나열하고 싶으나 옆에 아가가 잠에서 깨었다. 진정 나는 이런 살림을 꾸리지 않으리라. 알뜰하며 청결하며 현명한 살림을 하고 싶다.

7월 2일 수요일

내일은 바로 내가 세상에 태어난 날. 그러니까 바로 음력 1955년 5월 21일 시골에 부모님과 형님 모두 함께 생활하기에 그이의 맘대로 무엇 하나 해주지 못해 여간 섭섭하게 생각하는 것이 아니다.

하지만 물질은 어떻게 되었든 간에 여자란 남편의 깊은 마음의 사랑을 받으므로 행복하다.

그이는 "여보! 정말 미안해. 당신 생일인데도 아무것도 못해줘서…." 하면서 꼭 껴안아 주었다.

순간 더없는 행복감에 젖었다. 그이의 마음속에 그토록 크나큰 선물이 있다는 게 고맙고 행복하다.

그렇다. 여자는 아무리 고달파도 남편이 항상 따뜻한 사랑으로 그 고달픔을 알아준다면 삶의 보람과 기쁨을 맛보게 되는 것이다.

그이는 정말 나에게 맡겨주신 주님의 은총이다. 무엇이고 항상 일심으로 생활한다. 그런데 단점이라면 성품이 무척이나 급하다. 그럴 땐 난 진정 싫다.

또한 식구들 앞에선 자기의 애정의 표현을 감추려한다. 그렇게 되면 나의 자신이 식구들 앞에선 좀 외로워진다.

진정 이 두 가지만 좀 시정해 주면 나로서는 더 이상 바랄 게 없다. 항상 아가처럼 대해 주면 좋겠다. 내가 아가를 귀여워하듯이 말이다.

7월 3일

오늘은 내가 세상에 태어난 지 26번째의 생일이다. 그이와 나만이 알고 있었다. 정오쯤 해서 친정집에서 편지가 왔다. 엄마께서 언니의 생일이라 오시고 싶어도 집이 비어서 못 오신다는 것. 그래서 반가움에 어머님께 말씀을 드렸더니 온 집안 식구 모두가 알게 됐다.

아버님이하 식구 모두께서 여간 섭섭하게 생각지 않으신다. 오후에는 시숙께서 논산에 가서 닭을 세 마리나 사오셨다. 정말 나의 마음 기쁨과 동시 민망스런 마음 금할 길 없다. 절실히 느낀 건 여자란 나의 집에서 소중하고 귀해야 출가해도 소중하고 귀한 대접을 받는다.

7월 12일 토요일

오늘이 주말이다.

그러나 나에겐 주말이란 자체도 실감이 안 난다.

주말은 가족과 함께여야 한다. 하지만 야속하기 만한 그이는 밤 8시가 넘도록 귀가를 안 한다. 그 이유는 뭐람. 진정 이해할 수가 없다. 나로서는 삐뚤어진 생각만이 뇌리를 스쳐간다.

정말 얄밉다. 왜 이다지 촌구석에다 데려다두고 이런 슬픔을 안겨주기만 하는지 진정 미워만 진다. 내가 이토록이나 슬픈 여자이여야만 하는지 ….

아휴 정말 이럴 땐 걷잡을 수 없는 허탈감에 골치마저 아프다. 아~아 눈마저 희미해져 온다. 전등을 바꿔야 되겠구나. 5볼트짜리 전등이 모기 예방에 좋은데 더 많은 글을 나열할라치면 바꿔야지.

이 세상에서 나의 마음을 아는 이는 단 한사람도 없으리라. 남편도 아니다. 또한 자식이 아닐 게다. 그러나 사람이 아닌 내가 쓰는 글만이 나의 마음 깊숙이 다 알고 남음이 있으리라.

진정 얄미운 당신이여!

왜 나의 마음을 슬프게만 한단 말이오. 내가 어느 한 사람을 위해 이 오지에 와서 모르는 사람들과 사귀며 내키지 않는 귀한 마음을 져야 한단 말이오. 야속하기만 한 당신이여!

귀가 있으면서…. 눈이 있으면서…. 어찌 이 애타는 한 여자의 괴로움을 모른 채 한단 말이오. 무정하기 만한 당신이여!

진정 당신이 가정을 멀리한다면 나란 여자란….

방금 돌아오셨다. 모든 건 생략….

7월 14일 월요일

배가 무척이나 아프다. 몸이 전체 다 아프다. 배탈이 난 모양이다. 비는 주룩주룩 거세게 온다. 그이의 아침 출근시간이 촉박하다. 이토록이나 억수같이 퍼붓는 비도 불구하고 그이는 약을 사가지고 왔다.

진짜 그이에게 소중한 아내이다. 진짜 나에게 소중한 남편이다. 11시쯤 돼서는 회복됐다. 그이의 정성어린 약이라고…. 감동됨을 생각했기에 빨리 회복되었다고 생각한다. 완쾌는 안 되었어도 많이 회복됐다.

오후엔 중앙일보사 서류제출 했던 것이 합격이 됐다. 어린 시절 때의 일이 생각났다.

한편은 좀 노엽다. 우리 아가를 놓고 활동을 해야 하기 때문이다.

16일에 교육을 받으러 대전으로 오라는 것이다. 지금 그이는 초촌면장 송별식에 참석하러 논산에 갔다. 어쩜 많은 시간을 소비할지도 모른다. 가능한 한 일찍 귀가 좀 했으면 하는 맘 간절하다. 아가와 또 둘이서 있노라면 무척이나 외롭기 때문이다.

7월 19일

우리 아가가 '올비틸'을 복용한 지도 5일째이다. 2일째 되는 날 대변을 누고 오늘에야 눈 것이다.

매일같이 소화도 안 된 채 누던 대변이 오늘은 아주 예쁘게 눴다. 정말 엄마로써 무척이나 기뻤다.

진즉에 복용을 시켰어야 했던 건데 약간은 후회도 해본다.

하지만 늦은 것이지만 이제라도 먹으니까 효과도 있고 해서 여간 기쁘지 않다.

7월 20일 일요일

유모차를 사왔다. 며칠 전부터 약간의 기침을 좀 해서 병원에 갔었다. 가벼운 감기라고 했다.

논산에 나간 김에 샀다. 귀여운 나의 찬희에게 꼭이나 필요한 도구일 것 같다. 집에 오니 식구들의 눈치가 무척이나 싸늘하다. 진정 집의 쌀이라도 사서 했더라면 큰일 날 뻔했다. 샘도 부리고 야단법석이다. 나의 개성에 따라 자녀의 교육도 달라지니까 말이다.

7월 21일 월요일

무척이나 덥고 무척이나 고달프다. 순간 참을 수 없이 설움이 복받친다. 진정 더 이상 참을 수 없다. 유난히도 더위를 타 온몸이 땀투성이다. 그렇다고 친정집에도 가지 못한다. 이 꼴을 해가지고 어디를 간단 말인가. 앞으로도 두 달은 꼭 더 있어야 되는데 진정 어찌 해야 된단 말인가. 점심도 생각이 없다. 그저

이 테두리에서 회피하고 싶은 생각뿐이다.

8월 4일 월요일

아버님과 함께 친정집에 왔다. 아버님께서는 하룻밤을 새우시고 목포 고모 집으로 가셨다. 그런데 나의 마음은 한없이 섭섭하기만 하다.

불편하셔서인지 잡수시지도 않고 그저 빨리 가시려고만 하셔서 편치가 않다. 시집 살림은 내 맘대로 할 수 없다는 게 나의 심정이었다. 내가 살림났을 때 오시면 흐뭇하게 해드려야겠다고 생각했다.

8월 8일 금요일

그이로부터 전화가 왔다. 정말 반가웠다. 무척이나 따뜻하고 염려스런 음성이었다.

"여보! 언제쯤 오게 되지?"

"응, 엄마께서 서울에 다녀오시면 가겠어요."

보고 싶으면 그때그때 글로써 나열하세요. 제가 감상할 수 있도록…. 그이는 진정 나의 맘 나의 모든 면에 필요한 당신이다.

아가와 내가 무척이나 보고 싶은 마음 간절하단다. 하지만 우선은 분가하지 못한 까닭에 보고픔도 억제하며 아가와 나를 외갓집에 장기간의 휴가를 보낸 거란다.

사실 나도 그렇다. 무엇하나 티 없이 좋기만 하다. 진정 하루라도 그대 곁을 떠나고 싶지 않다는 게 나의 솔직한 고백. 그러나 육체의 고달픔과 피부의 손실이란 진정 나를 무척이나 괴롭게만 한 나머지 그대의 곁을 떠나고만 것이다.

버짐으로 뒤범벅이 됐던 나의 얼굴이 이젠 말끔해져 여간 기쁘지가 않다. 또한 냉수에다 밥을 먹던 우리 찬희의 식사도 소고기 양을 고아서 먹이게 되어 나의 기쁨은 더욱 크다. 한편 그이의 걱정에 마음은 놓이지 않다.

빨래 등 잠자리 정리 등 여러 가지가 은근히 마음을 어지럽힌다. 하지만 시어머님 곁에 있으니까 생각하니 마음이 놓인다. 정말 현명하시고 바다보다도 넓으신 우리 시어머님. 식사 때마다 국이 식을세라 어머님께서 아가를 안고 잡수시고 일만 하시며 그저 가정만 화평케 하시는 우리 어머님이시다.

진정 이 세상엔 그런 분이 귀하시리라 믿는다. 이 은혜는 어떻게 갚아야 될지 이토록이나 사랑해주는 남편을 탄생시킨 것만도 감사한데 어머님까지 소중한 며느리로 아시니 정말 어디에 비길 곳 없다. 나의 몸이 상하지 않는 한 부모님께 효도하리라 결심한다. 그대 역시 나의 친정부모님께 효도하고 나 역시 시부모님께 효도하며 살아야 한다. 양부모는 꼭 같은 부모이기에….

우리 찬희가 잠에서 깨어 더 이상 쓸 수가 없다.

8월 10일 일요일

오늘은 일요일이다.

그이의 소식이 궁금하다. 무슨 소식이든 올 것만 같다. 아니나 다를까. 오후엔 전화가 왔다. 이리에 오셨다는 것이다.

동네 아저씨께서 전주병원에 입원을 하셔서 동네 총각들과 함께 문병을 다녀오신 길에 들른 모양이다. 동네 총각들(장희, 승규, 영환, 구현, 익현) 다섯 분과 함께 집에 왔다. 한편 무척이나 걱정스러웠다. 집이 변변치 못한 탓이었다. 한편 좀 자랑스럽기도 했다. 바로 떠나셨다. 섭섭한 마음 그지없었다.

17일에 서울에 갔다 23일에 왔다. 영선이 돌인데 어머님께서 외갓집 동서 사망으로 인해 내가 대신 갔다.

간 김에 방도 계약하고 장롱도 계약하고 왔다. 9월 28일 이사. 그러나 문제가 있다. 돈이 모자란다.

방 2백만원, 장롱 37만원. 나로서는 무척이나 기분이 나쁘다. 둘째누나의 참견이 이만저만 아니다.

집에서는 어떻게 생각할지 모르나 백만 원만 해주면 좋겠다. 방 2백만원 중 절반만 달라는 것 그러나 어떻게 될지 무척이나 불안하다. 또한 그이의 취직도 문제가 된다. 모든 게 세월이 약이겠지.

8월 26일 화요일

오늘이 바로 우리 사랑의 첫 열매인 아가 찬희가 세상에 태어난 지 7개월이 되는 날이다. 정말 예쁘고 귀엽고 총명하게만 생겼다.

7개월이 되면서부터 앉기도 하고 엄마도 제법 알아본다. 우리 아가가 장래에 어떤 훌륭한 인물이 될지 대견스럽기만 하다. 외갓집 할아버지께서 찬희의 귀여운 모습을 카메라에 많이 담으셨다. 어떻게 나왔는지 빨리 보고 싶다. 정말 장래에 떳떳한 부모가 되기 위해선 튼튼하게 훌륭하게 키워야 되겠지.

우린 오늘도 다짐을 해야지. 굶는 날이 있더라도 자녀의 장래는 부모가 책임을 져야한다고. 즉 교육문제다.

8월 31일 일요일

오늘로 하여금 8월도 마무리가 된다. 우리 아가의 예방접종하러 논산 김소아과에 갔다 왔다. 이젠 26일만 있으면 우리 살림이 분가도 해야 한다. 왠지 오늘따라 서글픈 마음이 나의 맘을 찾아든다.

진정 분가라고 방도 얻고 이불도 사고 살림 차리고 살아 보겠다고 장롱도 계약하고 왔건만 이 시간은 한층 더 다른 설움으로 더욱더 자아내게 한다.

그이로부터 좋지 않은 소리도 들었다. 너무나 비싼 장롱을 했다고. 또한 둘째누님에게도 눈총을 받았다. 정말 내 인생 불쌍하다.

그이는 집안얘기, 식구얘기 한마디만 나와도 굉장히 화를 낸다. 진정 가슴 아프다.

17살 때의 꿈을 실현시키지 못한 채 결혼을 빨리 한 까닭인가 보다. 그러니까 고1때부터의 꿈은 27살 때까지 나의 인생 하고 싶은 것 다 하고 결혼하겠노라고 했는데 2년이 아니 4년이 단축되었다. 결코 4년 동안에 더 해야 될 인생 공부를 중지하고 어느새 엄마가 됐으니까. 나의 꿈과는 너무나 멀어졌다.

나는 시골출생이다. 또한 조상들도 농부 출신이다. 그러기에 시골은 진정 싫다. 여자라면 누구도 겪어야 하는 시집의 모험이지만 이토록이나 크나큰 모험이라고는 예전엔 진정 상상조차 못했다.

멀지않은 그러니까 작년 8월쯤만 해도 이런 생각과는 거리가 먼 아주 순수한 생활만을 꿈꾸었다. 바로 작년 8월 30일이면 내가 직장생활을 청산하고 제2의 인생인 결혼을 하겠노라고 송별식에서 눈물짓던 날이다. 형제간의 생활이 이토록이나 어려운 건 아예 생각지도 못하고 그저 부모님께 효도하면 나의 인생에 많은 보탬이 되리라고만 믿었다.

진정 사랑에는 눈도 먼다더니 나의 눈도 귀도 다 멀었던 게 틀림없다. 오로지 사랑이면 모든 게 해결되는 줄 알았다. 이제는 하는 수 없지만 글로나마 이 허공에 뜬 맘을 잡아보려고 한다.

하지만 아쉬움이 더욱더 밀려온다.

9월 4일 목요일

항상 마음이 쓰인다. 그이와 나는 진정 하나님께서 축복으로 맺어주신 인연일까! 그렇지 않다면 왜 이다지 날짜마다 공통된 날짜냐 말이다.

진정 신의 짝지어준 인연으로 생각하자. 내가 우리 시부모님께 처음 인사드린 날 바로 시골에 처음 방문 날, 그때가 바로 12월 3일이었다. 또한 우리의 결혼식 날이 11월 3일이다. 월은 달라도 날짜는 공통이다.

우리의 약혼식 날 말이다. 3월 26일이었다. 또한 우리 아가의 탄생이 1월 26일이다. 우리 친정엄마 생신이 9월 27일인데 둘째 시숙께서도 9월 27일이다. 우리 친정아버지께서 10월 20일 또 셋째 누님도 10월 20일. 차남이와 1월 7일 둘째누님 1월 7일이다.

이런 걸 보면 더욱 현실에 불만을 함으로써 하나님께 죄를 짓는 것 같다. 이제부턴 어쨌든 불평하지 않고 현실에 충실하며 살아야겠다.

10월 12일 일요일

우리가 분가라고 새살림을 하게 된 지도 어언 16일이 지났다.

그렇다. 처음에는 어떻게 쪼들리는 경제적인 여건에서 살림을 꾸려나가야 할지 막막하여 서러움만이 가득했다. 몇 푼 되지 않는 돈일지언정 어른이면 어른스럽게 그 한마디를 얼마나 사모했던가 말이다. 그러나 뼛속에 사무치는 모든 이들의 행동이 진정 나로 하여금 눈시울을 찌푸리게 했다.

그래 더 이상 생각하고 싶지 않다. 애당초 그이 한 사람을 위해 희생한 몸 가정과 배경은 아예 생각하지 말자. 우리 굳세게 살고 있다.

먹고 싶고, 입고 싶고, 하고 싶고, 보고 싶은 모든 것 억제하며 굳세게 살기로 그이와 나는 결심했다.

처음부터 우린 10만원이란 돈을 적자보고 시작했다. 그러다 어느 동기간들이 알세라 우린 더욱 지독하게 살기로 했다. 어쩜 아빠의 직장이 내일부턴 풀릴 것 같다. 우리 아가 건강하게만 자라준다면 우린 결코 어느 누구에게도 뒤지지 않으리라 생각한다. 어제는 시골에서 아버님께서 오셨다. 찬희가 무척이나 보고 싶으시다는 것. 그래 돈이 없어도 나의 있는 그대로 저녁 대접도 했다.

11월 3일 월요일

오늘이 바로 결혼 1주년이란다. 그러나 우리에겐 무엇 그다지 달갑지 않다. 업자된 그이의 생활에 영락없이 찾아온 서민생활인지라 마음은 잊지 않고 기억하지만 1주년 기념답지는 않다.

그렇다 물질이 없어 마음의 표현은 못할지언정 큰조카와 그이나 셋이서 화투놀이 하며 재미있게 웃었다. 우리 아가는 옆에서 새근새근 꿈나라로 갔고.

고추 빈대떡과 식혜를 맛있게 해먹고 우리 나름대로의 행복을 느끼며 다시금 다짐한다. 어서 기반 잡아 우리 아가의 장래와 남부럽지 않은 생활을 영위하리라고 말이다.

11월 11일 화요일

지금은 새벽 5시다. 찬희가 무척이나 보챈다.

몸이 좀 좋지 않아 모유를 먹이지 않는 탓이겠지. 설사 때문에 모든 음식을 멀리하라고 그래서 이 기회에 모유도 끊으려 한다. 우리 아가는 식욕이 좋아서 건강만 빨리 회복되면 몸도 더욱 좋아지리라 기대해 본다.

무척이나 딱하다. 엄마의 젖을 찾는 모습이란 정말 애가 터져서 못 보겠다. 하지만 아가의 건강과 성장을 위해서라도 어쩔 수 없는 과정인 것 같다. 오로지 빨리 회복돼 정상의 성장 과정을 추구했으면 한다.

(아가는 9개월 14일자로 모유를 끊었다. 체중 10K 550g)

요즈음에의 마음은 무척이나 괴롭다. 하나님을 떠나 생활하는 나의 처지가 죄책감에 사로잡혀 있다. 예수님의 품안을 떠나서의 생활이라는 있을 수 없음을 알면서도 환경 때문에 괴로움이 크다.

하나님의 떠나하는 생활 무엇인가 가로막혀 있다. 마음대로 되질 않는다. 그이의 직장도 그런 것 같게만 생각이 된다. 하나님께서 도우시려 하는 자에게는 어느 한 방법도 우리가 미처 상상할 수도 없는 일이다. 아빠의 마음이 하루 속히 주님의 품안으로 돌아가 하나님의 축복 속에서의 생활이 되길 빌 뿐이다.

"주님 돌덩이처럼 굳은 아빠의 마음을 움직여 주님의 품안으로 돌아가게 해주옵소서."

11월 11일 화요일

아가는 옆에서 새근새근 아빠는 개구리색 복장으로 안양 창밖골에 가셨지.

아가의 새근새근의 시간을 내어 책을 보다 우연히 TBC-FM의 가을편지모집의 입선작 김혜경의 편지 중 감동의 줄거리다.

사랑의 빛깔은 핑크빛이다. 세월이 바래면 변하는 것이다. 노력하여 변치 않는 무색의 빛깔로 가꾸어야 할 것이라고….

12월 6일 토요일

벌써 80년의 막바지 12월 대망의 80년엔 결코 나로서는 보람이 없었다. 어언 1년을 보낸 셈이다. 80년을 보내려는 나의 마음 아쉬움, 안타까움, 설움마저 나를 괴롭게 한다.

우리 아가는 지금 엄마 옆에 있다. 그렇다. 모든 걸 제외하고 우리 아가만 생각한다면 근심 걱정 아무것도 없다. 우리 아가를 보며 모든 걸 잊고 싶다. 다만 우리 아가의 장래를 위해서 무엇을 할 것인가를 지면을 통해 계획하고자 한다.

우린 먼저 81년부터 재형저축에 가입해서 주택마련 5개년 계획과 우리 아가 대학입학 자금을 매월 3천원 불입하기로 계획했다. 그래 우린 한없이 행복하다. 어느 누구에게도 비할 수 없는 우리 아가와 가정적인 아빠 알뜰하고 주무 있는 나. 어느 정도의 경제적인 여건만 허락된다면 그 어느 누구도 부럽지 않다.

'그러나' 우린 그이와 나 아가 우리 세 사람의 가족관계로 항상 불화가 있다.

그건 형제 문제이다. 왜 분가해서 내 살림 다 하면서 구태여 그렇게 형제에의 간섭을 받아야 되느냔 말이다. 정말 싫다. 그렇다고 형이 셋 누나 셋이면 무엇 하나 큰소리치게 해주었느냐 말이다.

생각도 말아야지. 정말 생각하면 할수록 거리감만 멀어진다. 그이만 그런 줄 알고 살면 되는데 때론 그이마저 그런 걸 망각해 버릴 때가 있다. 그럴 땐 정말 살아갈 의욕이 없다. 그저 우리 아가만이 가엾게 느껴질 뿐이다.

오로지 이 생활에서 회피하고 싶을 뿐이다. 나만이 떠난다면 결코 모든 이들의 싫은 눈총에서 벗어나겠지 하는 마음뿐이다. 이런 생활이 계속된다면 더 이상 얽매이고 싶지 않다. 한 번의 실수로 인해 이 중한 나의 인생과 값비싼 나의 젊음을 헛되게 보내고 싶진 않다. 제생의 길을 걷고 싶은 게 나의 솔직한 심정이다.

너무나 순진하게만 자라도 병이다. 사람의 구렁텅이에 한없이 말려들어 눈이 먼 사랑을 했으니까 말이다.

어느 누가 뭐래도 하나도 겁날 것 없다. 왜 내가 바보가 아니니깐 말이다. 나 역시 마음을 잡아야겠지만 그이도 생각 좀 달리 해주었으면 하는 맘 간절하다.

12월 18일 목요일

눈시울이 뜨거워짐을 느낀다. 오늘이 고교연합고사의 날이다. 집이 학교 옆인 관계로 학생들의 시험 하교길을 목격했다.

순간 정말 슬픔이 찾아왔다. 지금으로부터 10여 년 전의 일이다. 내가 중학교의 입학시험을 보던 날이다. 생생히도 떠올랐던 것이다.

그때 시험을 끝내고 막 나오려는데 정문에서는 모두가 제각기 자기 식구를 찾느라고 아우성들이다. 그러나 나에겐 반겨주는 아무도 없었다. 정말 서러움이 겹도록 슬펐다.

오늘 이 시간도 더러는 엄마, 더러는 누나 형님들과 함께 하교를 하는 아이가 보인다. 그런데 개중 혼자서 가는 학생들을 보니 더욱 나를 슬프게 한다. 나와 같은 입장의 학생이었기 때문이다. 진정 우리 찬희를 옆에 두고 명심한다.

앞으로의 어느 한 일이 겹치더라도 자녀들 시험장에는 꼭 참석하리라고 굳게 다짐한다.

진정 부모형제의 무관심으로 인해 아름답지 못한 추억을 결코 남겨주지 않으리라고 생각한다.

남강고교시험장 하교길을 목격하고 이 글을 쓴다.

1981년

1월 14일 수요일

음력 12월 9일 우리 아가의 첫돌이다. 며칠 전부터 무척이나 분주했다. 사실 현재의 우리 경제 여건에는 이다지 분주하게 우리 아가의 첫돌을 맞이해선 안 되었다. 또한 할 수도 없다. 하지만 엄마로써 첫 열매인 우리 아가의 첫돌을 무의미하게 보내고 싶지 않은 게 솔직한 심정이다. 그래서 엄마의 보물인 순금 목걸이를 이용해서 어느 사람들에겐 아무것도 아니겠지만 그런 대로 음식을 장만했다.

아쉬움이란 나의 마음대로 우리 아가의 모습을 카메라에 담지 못 했던 것이다.

1월 15일

아빠의 퇴근이다. 뜻하지도 않은 봉급을 타왔다. 너무나도 얄팍한 월급봉투다(59,000원)

그렇다. 현상유지 즉 세 식구의 풍족하진 못하지만 그런 대로의 생활을 할 수 있겠으나 장래를 위해 계획했던 게 너무나도 먼 거리가 된 것 같아 은근히 아쉽다. 하지만 그이의 비위를 건드릴까 염려되어 내색을 하지 않았다. 나의 계획은 그래도 81년 1월부턴 우리 아가의 학자금을 위한 적금과 주택마련의 적금을 마련코자 했으나 꿈도 못 꾸게 됐다. 실망과 절망은 하지 않기로 한다. 우리에겐 젊음과 건강과 의욕과 우리 찬희가 있으므로….

또한 이런 중에도 행복한 여자임을 발견했다. 적은 월급 중에도 나의 선물로『나의 천사 나의 아이들』이란 책을 한 권 사왔다. 정말 기뻤다.

이 책을 읽음으로써 몇 배의 지식을 살 수도 있다고 생각한다. 항상 아끼며 사랑하며 존경하며 우리 찬희에게 결코 부끄럼 없는 엄마 아빠가 되기 위해 오늘도 내일도 쉬지 않고 노력하고자 한다.

또 하나의 공통된 날이 있다.
우리 아가 백일이 5월 ④일
우리 아가 첫돌이 1월 1④일

1월 19일 월요일 아주 포근

우리 아가는 인생의 첫걸음마를 시작한다. 곧 한 걸음부터 말이다. 엊그제는 한 걸음 며칠이 지난 오늘에는 두 걸음이다.

무척이나 대견스럽다. 1년 365일 지나온 작년엔 그저 으앙으앙과 먹고 자는 것 외에는 눈에 띄지가 않더니만 이젠 제법 재롱을 부린다. 엄마, 아빠 등 몇 마디의 언어도 한다.

전화하는 폼은 엄마 혼자 보기엔 정말 아깝다. 그저 하나하나 하는 행동이 신기하다. 지금도 만족의 웃음을 입가에 띤다.

1월 20일 화요일

아가는 옆에서 새근새근하다가는 기침을 가끔씩 한다. 안타깝다. 우리 아가의 독사진을 찾아왔다. 무척이나 예쁘다. 정말 나의 아들 나의 아가가 세상에서 제일 예쁜 것 같다. 아가의 장래를 위해 쪼들린 생활비에서도 더욱 쪼개어 적금을 하나 부었다. 1년에 5만원짜리 3,835원이다. 때때로 복잡하고 꼭이나 금전이 필요하더라도 우리 아가의 돈만큼은 손대지 않으리라.

정말 부모로써 많은 재산을 유산으로 못 줄지라도 하고 싶어 하는 공부만큼은 지장이 없도록 마련해주련다. 곧 지식과 학문을 유산으로 물려주자는 것이다.

1월 24일 토요일

뭍사람들이 기뻐하는 주말이다. 그러나 지금 시각 9시 정각이다. 아가와 나 둘이서 있노라니 또한 아가는 잠이 들고 혼자 있노라니 정말 쓸쓸하다.

쓸쓸함이 가져다주는 공상. 즉 잡념이다. 그이는 친구들의 모임에 참석관계로 늦은 귀가이다. 쓸쓸함으로부터 시작되는 불만이다. 쥐꼬리보다도 적은 월급가지고 어려운 살림을 꾸려보자는 게 무척이나 고통스럽다. 일찍이 겪어보지도 못했던 나로서는 정말 눈시울이 뜨겁게 느껴진다.

2월 9일

이젠 구정도 지났다. 이틀이 지난 7일 큰조카는 입대를 했다. 하지만 작은아버지로써 작은엄마로써의 구실을 하지 못함이 무척이나 마음을 거슬린다.

아빠의 직장이나 빨리 해결이 됐으면 좋겠다. 이젠 쌀과 연탄 모두가 급하게 됐다. 정말 마음이 한없이 조급하다. 어디에 의지할 길 없고 오로지 아빠의 등만 바라보아야 되는 우리 살림이 갑갑하다. 홀로 앉아 뜨개질을 하고 있노라니 무척이나 처량하고 슬픔만이 나를 맴돈다.

4월 1일 비

오늘이 만우절이다.

어젯밤 내가 한 말들이 후회스럽다. 아내로서 남편에게 너무 심한 말을 했음이다. 하지만 남편에게도 잘못이 있다. 남편으로써 또한 아빠로써 한 가정의 가정으로써의 본분을 다하지 못함이 정말 얄밉도록 원망스러웠다.

왜 사내대장부로써 어느 누구에게 의지할 길 없으면 어느 직업에든 뛰어들어야 하지 않는가. 그러나 남편은 그게 아니다. 오로지 살림은 어떻든지 자기의 바람대로만이 하려고 한다. 이왕에 한 사람 남편만을 믿고 나의 인생을 맡긴 이상 가정과 배경에 대해 불만하지 않으려고 한다. 하지만 남편이 이렇게 세 식구의 가정을 이끌지 못함에 서운한 감정을 참을 수 없었다.

용모보다는 의욕 있고 자립성이 강해야만이 남자로써의 본분을 다 하는 게 아닌가. 하루속히 직장이 풀려 가정의 경제생활의 기반을 잡았으면 한다. 남편만 꾸준하게 적은 돈이라도 받으며 지낸다면 풍족하진 못하지만 그런대로 행복하겠다. 건강하고 총명하고 예쁘게 자라나는 우리 아가 찬. 이 이상 더 행복이 또 어디 있어. 하지만 행복이란 현재에 즉 남편의 손에 달려있지 않나 생각한다.

4월 16일

봄비가 부슬부슬 내리고 마음이 무척이나 우울해진다. 우리 찬을 보아도 가엾어 보인다. 아가의 식사도 다 떨어지고 연탄도 다 떨어지고 앞으로 어떻게 살아야 될지 무척이나 마음이 착잡하다. 이젠 어디에서 한 푼 나올 데도 없고 어떻게 하자는 것인지. 도저히 살아갈 가능성이 없다. 현재의 심정으론 도망가고 싶은 심정. 우리 찬 때문에 이러지도 못하고 저러지도 못하고…. 그이는 이런 판국에 이것저것 고르다니 이해할 수 없다.

아휴 정말 지금도 나의 부모형제의 체면만 생각지 않는다면 멋대로 한 번 살아보고 싶다.

더 이상 찬 때문에 쓸 수가 없다.

4월 28일

내가 사회에 활동해 보겠다고 나선 지도 4일째이다.

그렇다. 구태여 왜 여자 아니 가정의 주부로서 아가의 엄마로서 가정을 게을리 해야 하느냐 말이다.

모든 게 아빠의 탓이라 생각한다. 현재 우리 가정 아빠만 사회에 잘 진출할 수 있다면 근심이 없지 않느냐 말이다.

직장이라고 나가 앉아 있어도 마음은 우리 아가 생각. 모든 엄마들도 그렇겠지만 고생하겠다고 나선 맘 변치 말고 끝까지 견디겠다고 결심한다.

5월 17일

나의 자신을 생각하니 무척이나 한심스럽다. 그래도 소위 교육을 받았다는 자신이 이토록이나 타락돼 있다니 정말 가슴이 아프다. 다시 말해서 인생 낙오자다. 아가에게 남편에게 진정 사과한다.

나의 본분을 지켜야지, 그리고 열심히 살아야지, 또한 현모양처의 본분을 발휘해야지 이 지면을 통해 다짐한다.

5월 21일

오늘은 닭이 한 마리가 희생됐다. 나의 덕택이리라.(나의 26번째의 탄생기념) 우리의 나름대로 행복을 누린다.

그렇다. "가난은 불편할 뿐이지 행복에는 지장이 없다."란 말이 있지 않은가.

퇴근 후에 그가 또 과일을 사들고 귀가했다. 정말 그이의 마음 상하지 않도록 잘해 줘야지. 이토록 열심히 살고자 하는 사람이다. 합심해서 어려운 생활을 이끌어 나가야 하리라.

기나긴 하루해 걸음으로 보내야 하는 건 얼마나 고통스러우랴. 그렇다. 나름대로 풍족하지 못한 살림 이끌어 나가노라면 짜증도 나고 원망도 하지만 오히려 그이를 보면 머리 숙여진다.

한 편 못마땅할 때도 없잖아 있다. 내성적인 탓인지 부모형제에게 하고픈 얘기도 못하고 혼자 그저 끙끙댄다. 또한 잘잘못을 타이르지 못하고 남 앞에서 식구자랑 할 줄 모르고 한마디로 말솜씨가 부족하다. 하지만 불만으로만 여기지 말자. 세월이 흘러 나이가 늘고 사회의 경험이 많아지면 모든 게 해결되리라는 한가닥 희망을 안고 산다.

건강하고 예쁘게 자라는 우리 아가. 요즈음 등에 무언가 보기 싫게 많이 났다. 염려스럽다. 모쪼록 건강하게 총명하게 자라주었으면….

5월 25일

우리 아가 어제부터는 '두 잘'이란 말까지 시작한다. 진정 신기하고 예쁘다.

그런데 이 아가의 엄마로서의 지켜야할 마음이 흔들린다. 진정 걷잡을 수 없으리만큼 흔들린다. 어찌해야 좋을지. 그저 어디론지 떠나고 싶은 마음. 가정이 있다는 것이 무척이나 거추장스럽다.

소녀 때와의 꿈과는 너무나 거리가 먼 생활을 한다. 정말 어느 누가 보아도 부러워할 만큼 샐러리맨을 남편으로 맞이하고 싶었는데 너무나 거리가 멀다.

이 마음을 어떻게 잡아야 될지. 우리 찬희가 엄마를 사정없이 잡는다. 진정 엄마, 아빠 없는 불행한 아이로 만들고 싶진 않기에.

5월 26일

나는 울었다. 그이도 울었지. 우린 한참 동안이나 흐느끼며 울었다. 어느 누구에게 호소할 수 없고 둘이서만이 개척해야 하는 이 길. 정말 막막하기 짝이 없다. 옆에서 자는 찬희를 보니까 더욱더 설움은 북받친다.

진정 그이도 불쌍했다. 불우한 환경에서 자라 결혼이라고 하고 디딤돌 하나 없이 일어서려니 그 얼마나 힘이 들까?

6월 5일

어제는 고추장을 담갔다. 무척이나 대견스러웠다. 나의 성숙함을 다시금 발견했다. 처음 담아보는 장인만큼이나 기쁘다. 정말 혼자만이 할 수 있는 것인 양 마냥 자랑도 하고 싶다.

이 첫 장을 담고 보니 여자로서의 본분을 다한 것 마냥 여겨졌다. 그이가 직장이라고 나간 지도 어언 19일이 지났다. 남 보기에 무척이나 천하고 또한 나의 성격상도 그런 일 하는 남편을 섬기고 싶지 않지만도 그이 역시도 그 힘겨운 일을 하고 싶지 않으리라.

그러나 그이는 그이 나름대로의 열심히 살아가고자 한다. 남자로서의 해야 할 가정의 가장으로 아빠로서 무척이나 힘들 거다.

반면 나로서는 뒷바라지만 힘껏 하면 아내의 도리를 다 하는 게 아닐까. 사실 솔직히 말해서 장도 그렇다. 나의 나름대로 맘을 잡고 아내로서의 일을 다 해보려고 불가피 없는 돈을 내서 담근 게 아닌가 싶다.

우리 아가도 나날이 달라진다. 요즈음에는 많은 것을 배운다. 엄마가 아가를 두고 갈까봐 손으로 엄마 앉을 자리를 톡톡 두드리며 오라는 것이다.

책을 보며 동물도 가르쳐내고 손을 흔들며 빠이빠도 한다. 그런데 엄마로서 베풀어야 할 사랑을 성격상 모두 베풀지 못함이 아쉽다. 또한 경제상 좋음 음식 좋은 옷을 해주지 못함이 끝내 괴롭게 한다. 이럴 때마다 절실히 느낀다. 이대로는 아가의 동생을 낳지 말아야지. 정말 아가에게 미안하다. 넓은 현관 넓은 방에서 맘껏 뛰어놀 수 있게 해주고 싶다.

6월 13일

주말이다. 고급 직장인들은 이른 귀가로 가족과 함께 즐긴다. 하지만 우리에겐 꿈같은 이야기다.

오늘도 쪼들린 생활비에서 쪼개고 또 쪼개어 몇 가지의 반찬을 준비했다. 여느 때와는 달리 그가 돌아오지 않는다. 은근히 화가 나기 시작한다. 아가는 그대로 아빠를 보지도 못한 채 잠이 들었다.

얼마만큼의 시간이 흘렀을까. 찬아 불렀다. 나가보니 기분 좋게 몇 잔을 먹었는지 나로서는 견딜 수 없이 미웠다. 겨우 대문만 열어주고 나 혼자 들어왔다. 얼마가 더 지나도 방으로 들어오질 않는다. 내 반응에 화가 났는지 부엌에서 들어오지 않고 자기의 인생을 비관하고 있다. 자존심을 버리고 나가보니 그대로 부엌에 쓰러져 있는데 발밑에서 무언지 뒹굴고 있었다. 그게 바로 감정을 도망치게 하고 말았다.

수박이다. 아침에 수박이 먹고 싶다고 했는데 취중에도 그걸 잊지 않고 사왔다는 게 너무나도 감동이다. 조금 전의 원망은 저만큼 달아나고 웃음이 났다.

"당신은 나의 맘을 몰라. 이렇게 생각하고 하루 종일 생각하는 걸 말이다. 사업상 술은 마셨지만…."

아가도 잠결에 일어나 셋이서 함께 맛있게 먹고 함께 꿈나라로 갔다.

7월 4일

그이가 오늘은 조금 늦겠단다. 우리는 어느 누구보다 열심히 살고 있다. 때때로 늦은 귀가로 취한 날이 있는 게 불만이다.

그렇다. 남들 같으면 이렇게 쪼들려 김치도 제대로 못 담그고 아가 우유 한 통 사지 못할 정도의 형편에서도 아가의 교육의 거금은 저축했다는 사실이 너무나 감격이고 대견스럽다.

7월 13일

아빠께서 봉급을 타온 지 3일밖에 지나지 않았다. 다만 1천원이란 돈밖에 남아있지 않다. 예산하고는 너무도 거리가 먼 생활을 하게 된다. 무척이나 괴롭다.

그래도 이번 한 달 동안의 수입은 그런대로 220,000원이었다. 그런데 어찌된 일인지 모르게 이렇게 적자생활이다.

월급타면 주택청약예금도 들고 또 이것도 하고 저것도 하고 한다고 했지만 모든 게 허황한 꿈에 지나지 않았다.

그렇다고 후일로 미룰 수도 없는 일이다. 왜 고정급이 아니란 말이다. 이젠 또 한 달을 어떻게 보내야 한단 말인가. 정말 까마득한 일이다. 언제나 쪼들린 생활을 면할지 모르겠다.

7월 23일

자정이 되도록 부르는 소리가 없다. 깊은 잠도 자지 못하고 뒤척거리다가 아침에 조금 깊은 잠에 들었다. 그이는 외박하고 아침에 귀가를 했다.

약간은 미웠다. 하지만 여느 때와는 조금 달리 그다지 괘씸한 생각은 없었다. 전화로라도 연락이 왔기 때문이다.

아무런 연락도 없이 무작정 기다리는 건 정말 말할 수 없이 짜증스럽다. 나름대로 열심히 살고자 노력에 노력을 거듭하고 있지 않은가.

7월 25일

무척이나 무덥다. 어느 해보다도 유난히 덥다고 한다.

우리 아가를 생각하니 너무나도 측은해 보인다. 바람 한 점 없는 방에 틀어박혀 그저 있노라니 참 한없이 가엾다.

널따란 방 시원하고 확 트인 현관에서 자란다면 그 얼마나 좋을까. 이 더운 방 아니면 그저 흙투성인 뙤약볕뿐이다.

엄마와 아빠는 어른이니까 괜찮다. 어떠한 고생도 괜찮다. 다만 우리 찬희가 무척이나 안됐다. 그래도 짜증부린다고 엄마는 엄마대로 혼내고만 있을 수밖에 별도리가 없다. 진정 찬희에게 미안하다.

7월 28일

오늘도 12시인가 보다. 진정 속이 썩어서 못살겠다.

아가는 아가대로 몸이 끓고 치근치근 울어대고 11시가 다 되도록 귀가도 안 하고 도무지 알 수가 없다.

배에선 꼬르륵꼬르륵한다. 어느 누구도 원망하기 전에 내 인생 그만 두고만 싶다. 엄마로서의 시중을 들지 못하겠다. 너무나도 고통스럽다. 이렇게 쪼들린 생활 꾸리고 또 꾸려봐도 어느 놈들 좋아만 하고. 아휴 모든 게 귀찮기만 하다. 하루 온 종일이 무더운 날씨에 아가와 씨름을 하자니 진정 죽겠다.

8월 6일

아가의 건강이 회복됐다. 이젠 잘 놀고 잘 먹는다. 무척이나 기쁘다. 그런데 얼굴이 하얀 반점들로 퇴색되어 있다. 여간 마음이 거슬리지 않다. 어느 집 아이들처럼 곱게 깨끗하게 되었으면 얼마나 기쁠까. 해쓱해진 우리 아가의 몸도 이젠 잘 먹고 잘 노니까 다시금 빨리 좋아졌으면 한다.

어느 부모들의 한결같은 소망이겠지만 더욱더 총명하고 건강하게 자라주길 바라는 마음 간절하다. 아빠는 동료의 경사에 참석관계로 귀가는 좀 늦겠다고. 또한 언제나 안전한 직장에 머무르게 될지 정말 그이 역시 고달프겠지만 나 역시 견디기 힘들다. 하루 빨리 직장이 안전하게 기반이 잡혀야 인간의 도리를 하게 될 텐데. 진정 마음은 있어도 어쩔 수 없는 나 자신 무척이나 괴롭다.

8월 6일

전화가 왔다. 군복무중인 큰조카였다. 무척이나 반가웠다.

지난 2월 7일 입대 때도 보지 못해 인간구실을 못함에 진정 민망했는데 조카의 음성을 듣게 되니 새삼 기쁘다. 나를 잘 따라주는 조카라 너무나도 반갑다.

내일 만나기로 약속했다. 쪼들린 생활이지만 맛있는 음식도 많이 해주고 싶다. 내일 오면 소갈비찜 좀 해줘야지. 있는 힘 다해 잘해줘야지. 그래도 젊은 세대 또한 어느 정도의 교육인이라서인지 나의 심정을 잘 알아주고 많은 이해를 해주고 감싸준다. 정말 고마운 조카다.

8월 10일

지겹다. 아휴 얄밉다. 지금 시각 10시가 훨씬 넘은 시각인데도 그는 귀가를 안 한다. 무척이나 얄밉다.

또 술타령인가 보다. 집에 살림도 꾸리지 못하는 남자가 그저 친구나 좋다고 하고 흥청대니 얄밉다.

우리 아가는 옆에서 잔다. 오늘은 DDP와 소아마비 추가 예방 접종을 했다. 체중이 무척이나 많이 축났다. 요즈음엔 얼굴에 마른버짐까지 피고해서 은근히 걱정과 마음이 좋지 않았다. 나간 김에 피부과에도 들러보고 싶었으나 사전 준비 관계로 그냥 돌아왔다.

8월 22일

오늘따라 유난히도 엄마가 보고 싶다. 먹고살기에 바빠 엄마께 글을 한 번 올리지 못했다.

본격적인 가을인 양 제법 바람이 서늘하다. 싸늘한 바람이 부니까 엄마가 더욱더 그리워지는지 모른다. 그러나 이대로 선뜩 나설 수 없는 크나큰 현실이다. 바로 금전이다. 어제도 오늘도 또한 내일도 속아 사는 게 바로 인생이라지. 어제보다는 오늘이 오늘보다는 내일이 아니면 내일은 어떻게 되겠지. 너무도 많이 속아 살아가고 있다. 그 누가 속이는 걸까!

이순간도 무척이나 괴롭다. 보고픈 엄마의 얼굴. 또한 며칠 후엔 시아버님의 생신. 지금 같은 심정이라면 오로지 이 생활을 극복하기보다는 회피하고 싶을 뿐이다.

군복무를 마친 지도 어느새 1년이 다 되어가고 있다. 그렇지만 아직도 자리를 잡지 못한 채 갈팡질팡 하고 있지 않은가. 진정 어떻게 될 것인지 우리 찬희의 장래를 어떻게 해야 될지.

8월 23일

너무나도 기쁜 날이다. 그토록 부러워하고 갈망했던 우리 그이와 아가와 셋이서 나란히 교회에 다녀왔다.

정말 이 기쁨을 먼저 하나님께 감사하고 한없이 회개하고 참회의 눈물을 흘리며 기도드리고 싶었다. 또한 본교회의 이종일 목사님께 다시금 감사를 드리고 싶다. 그 목사님의 말씀을 먹고 자란 나의 신앙 때문이리라.

이젠 굶으나 먹으나 자나깨나 주님을 구세주로 모시고 우리 가정을 주님께 맡기며 살아가겠다고 세상 명심한다. 그이에겐 더 큰 사랑과 현모양처로서의 본분을 다 하리라.

결코 주님을 욕되게 하지 않는 우리 가정이 되게 하리라.

하나님께서의 뜻인지 본교회 목사님을 아시는 목사님을 만나게 됨을 더욱 감사드린다.

이젠 아빠의 믿음에 더욱 자라도록 힘쓰고 항상 범사에 감사할 줄 아는 가정이 되어야 한다고 다짐한다. 우리 아가는 오로지 믿음 안에서 총명하고 건강하고 훌륭하게 키우리라. 하나님께서 지키심을 믿는다.

자정이 훨씬 지난 24시 하고 30분이 지났다.

14시쯤에 친구와의 약속으로 나간다고 나간 사람이 아예 귀가를 하지 않는 이유는 뭐람. 정말 속이 들끓는다.

9월 1일

먼저 하나님께 감사드린다. 그토록 갈망했던 믿음의 가정이 된 것이다.

그이가 이토록이나 쉽사리 주님의 품안으로 돌아올 줄은 몰랐다. 밤에도 꼭 둘이서 기도로 하루를 넘긴다. 이젠 진정 실망치 않고 오직 믿음으로 극복하리라 결심한다.

믿는 자에게는 능치 못할 일이 없느니라 라고 말씀하신 주님의 말씀에 의지하여 또한 주님께서 저희 가정을 지켜주실 줄 믿고 오직 신앙으로 이 어려운 현실을 극복하리라 다짐한다. 서로 사랑하여 의지하여 화평하게 행복한 가정으로 촉구하련다.

우리 아가 재롱은 정말 둘이보기엔 아깝다. 이토록 총명하고 건강하게 자란다. 요즈음 옆집아이들은 감기니 설사니 무척이나 고통이 심하다. 우리 찬희는 다행히 하나님의 보살핌과 은혜를 입어 아주 건강하다.

하나님께 더욱 감사를 드린다. 하나님께 더욱 간구하기를…. 저희에게 일할 곳을 허락하시어 물질에 구애가 없도록 해주심을 바란다.

9월 5일

찬희의 궁둥이가 빨갛다. 우는 소리 한다고 엄마가 화가 나서 마구 때린 것이다.

내일모레가 시아버님 생신이기에 내일 가려면 그래도 준비를 해야 되는데 해가 지도록 귀가를 안 한다. 무척이나 화가 난 나머지 마구 때렸다. 그러나 가슴은 아프다. 맞고선 맛도 없는 밥 몇 수저 먹고 자는 모습을 지켜보고 있자니 무척이나 가슴이 아프다. 저녁때 큰고모네 조카 둘이서 왔다. 그이의 직장 연락 때문이란다. 하나님의 은혜로 이번 직장이 꼭 되기를 믿는다.

9월 23일

내가 친정에 머문 지도 벌써 14일이 지났다. 사실 부부란 떨어져 있으면 안 된다. 자꾸 미워진다. 내가 맘이 변한건지 나 자신도 도무지 알 수 없다.

엄마께서는 나한테 마음이 변했다고 몇 번이고 꾸짖으셨다. 그래도 반달 정도를 떨어져 있었는데도 괜시리 오해 아닌 오해를 하고 싶고 미운 생각만이 났다. 그러나 서울에 마중 나와 막상 만나니 그런 생각은 사라지고 웃음만이 머금을 수가 있었다.

그러니 옛말에 부모형제는 떨어져 있어야 정이 들고 부부는 떨어져 있으면 멀어진다는 말이 맞나보다.

그이와 나는 누가 뭐래도 은연중에 연분인가보다. 이제까지 연락이 없던 직장이 바로 내가 상경한 내일부터 출근하란다.

10월 4일

이젠 우리 아가도 많이 큰 것 같다. 제법 말도 하고 오줌도 가린다. 신기하고 대견스럽다.

며칠 전의 일이다. 달마다 소식이 와야될 생리가 없다. 행여나 우리 찬의 동생이 생기지나 않았나 염려스러운 가운데 찬희가 불쌍해졌다. 아무래도 동생이 있게 되면 찬희는 형이라고 엄마의 사랑이 갈라질 테니까 말이다.

그런데 바로 생리를 하게 되어 얼마나 기쁜지 모른다. 주위 사람들은 날 때 거듭거듭 나서 키우는 게 현명한 생각이라고들 하지만 나의 견해는 그렇지가 않다. 좀 안정된 상태에서 아가도 좀 더 귀엽게 천하지 않게끔 키우고 싶은 마음이다.

생기니까 낳고 낳으니까 그런대로 키우자라는 사고방식은 절대 싫다. 왜 귀한 세상을 그다지 천하게 살자는 건지 나는 그렇게는 절대 살고 싶지 않다. 다만 멋진 생을 가져보자는데 의의가 있지 않을까. 오늘의 설교 주제 말씀은 꼭이나 우리의 생활의 이유가 되지 않았다 있다.

은혜는 풍성하게 받으면서 주님께 드릴께 없어 정말 항상 죄책감을 느낀다. 우리 그이의 경제가 풀려 빨리 다만 몇 푼 되지 않는 수입이라도 됐으면 좋겠다. 우리도 주님께 십일조도 드리고 감사 찬송 드리며 살 수 있도록 되어야 한다고 생각했다.

10월 17일

정말 요즈음 같으면 죽고만 싶다. 살림이 너무나도 힘겹다. 거기에다 그이마저 귀가를 늦게한다. 이번주 내내 꼭 0점이다.

계속 10시 이후 11, 12시다. 아가는 8시 넘으면 아빠를 찾아 울고 잔다. 너무나도 애처롭다. 아직도 기반을 잡지 못하고 직장도 없어 그저 안정되지 않은 생활인지라 무척이나 힘겹다.

오늘따라 더욱이나 짜증만 나고 죽고만 싶고 그렇지 않으면 이 생활을 회피하고픈 심정뿐이다. 솔직한 심정으론 찬희만 아니면 당장이라도 어디론지 떠나버리고 싶은 생각뿐이다.

왜 그다지 못났는지. 하다못해 5급 공무원 시험이라도 보면 될게 아닌가. 경제적인 면에 쪼들리면 귀가라도 빨리해서 기다림으로부터 해방을 시켜줘야 될게 아닌가.

진정 나 자신도 모르겠다. 백년해로할 것인지도 찬희 동생은 절대로 낳지 않는다. 지금에서 하나인 아가 때문에 이토록이나 비참한 삶을 구성하는데 어떻게 하든지 나는 결코 이런 생활은 못한다.

아무렴. 어디간들 이 생활만 못할까. 그이 역시 노력은 하겠지만 몸으로만 노력하면 뭐해. 사회에서의 바라는 자격을 갖추어야지 말이지. 진정 한심하다.

10월 21일

찬으로부터 보람을 느낀다. 벌써부터도 뭘 아는지 꼭이나 엄마 생각을 한다. 진정 뿌듯하다. 하다못해 물만 먹어도 꼭 엄마도 먹으라고 성화다.

내 마음은 무척이나 심각하다. 찬희는 요즈음 동생을 무척 그리워한다. 인형 따위를 아가라고 너무도 좋아한다. 그럴수록 내 마음은 많은 생각을 해야 한다. 진정 동생을 낳아주어야 한다는 걸 잘 알면서도 자신이 없다. 내 자신만을 생각하게 된다.

아가를 위해서라면 꼭이나 형제가 있어야 할 텐데 내 자신은 도저히 낳고 싶지가 않다. 큰일이다. 그냥 찬희만이 귀엽게 깨끗하게 키우고 싶을 따름이다.

아무튼 어떻게 해야될 지 나 자신도 결론을 내리지 못하게 갈망하며 하루하루를 보낸다.

11월 1일

무척이나 처량한 생각이 든다. 우선 당장 의식주가 어려워 대전 형댁으로 도움을 받으러 갔다 왔다.

하지만 되지 않아 목포 고모 집에서 가져왔다는 것이다. 정말 고마운 일이다. 정말 이젠 자존심도 염치도 모두 사라져 버린 것인지.

돈 오십만 원 가지고 여기저기 쓰니까 또 십만 원 밖에 남지 않았다. 가만히 생각하니 처량하기 그지없다. 꼭이나 이렇게 살아야 되는 건지 도무지 알 수가 없다. 앞으로가 무척이나 걱정스럽다. 그렇지만 그이의 직장만 마련된다면 모든 건 해결되지 않을까 싶다.

정말 처량하고 가엾은 우리 세 식구 어떻게 해야 될지. 기술도 자격도 없는 그이만 믿고 기다려야 되는 건지. 때론 얄미운 생각도 때론 안타까운 생각도 든다. 우리 찬희를 보면 더욱 측은해 보인다.

12월 8일

우리가 분가라고 부모님과 형님의 곁을 떠나온 지도 벌써 1년하고도 석 달이 접어들었다.

하지만 지나온 1년을 돌이켜 볼 때 정말 인생 쓰디쓴 맛을 봄과 동시 인생의 많은 걸 알게 됐다. 결코 빚만 늘었지만 그만큼의 고생과 경험으로 인생을 배운 것이다.

81년을 마무리하면서 그이의 실업자란 이름도 함께 지워졌으면 하는 마음 간절하다. 그래야 부모님께나 형제 또한 우리를 아는 모든 이들에게 떳떳한 인간으로서의 본분을 다하지 않겠는가.

지난 11월 27일 큰아주버님께서 다녀가셨다. 무척이나 고마웠다. 분가할 때의 섭섭함이 순식간에 사라졌다.

오는 12월 20일 음력 11월 25일 생신이시다. 조그마한 선물이지만 손수 조끼 하나 떠서 드리고 싶어 지금 열심히 뜨고 있다.

우리 찬에게도 무척이나 고맙다. 건강하게 튼튼하게 총명하게 자라주니까 말이다.

요즈음에는 제법 많은 말을 애교에 곁들인다. 엄마, 아빠 잡수세요. 빨리와요. 안아줬다 등 책의 그림은 모두 가리키며 재롱을 부리는 게 아주 대견스럽고 여간 예쁘지가 않다. 그러나 걱정스러운 건 여러 아가들과 어울리지 않는다. 찬에게도 동생이 있다면 어떨는지 생각도 해본다.

그이의 직장이 해결되면 찬의 동생의 문제도 생각해보려고 한다. 아직은 식구가 더 생긴다는 것도 부담스럽지 않을 수 없다. 진정 그이의 일자리만 빨리 해결되기를 빈다. 진정 우리에게 고귀한 믿음 하나님께서의 사랑하심을 믿는다.

12월 12일

그이에게 새삼 고마움을 느낀다. 비록 직장이 없어 경제적으로는 쪼들리지만 자상하게 살림을 거들어주는 게 새삼 느껴졌다. 좀 내가 피곤하다면 연탄불도 갈아주고 이것저것 보살펴준다. 항상 불평만 했던 자신이 민망스럽고 그이에게 진정 미안하다. 진정 직장만 안전하게 마련된다면 이 세상의 어느 누구도 부럽지 않으리라. 어느 누구보다도 예쁘고 총명하게 건강하게 자라는 우리 아가도 있고 자상하며 아껴주는 그이가 있으매 진정 행복하다.

항상 현실에 만족하며 노력하며 하나님께 감사하며 희망의 82년도를 맞이하련다.

12월 16일

그이는 20일의 큰형님의 생신 선물을 부치러 우체국에 갔고 원고를 쓰느라고 골몰하고 있는데 옆에 찬희가 너무나도 귀엽다. 볼펜과 종이에 한참 낙서를 하더니 스르르 잠이 든 우리 아가. 진정 너무나도 착하고 예뻐서 이 글을 쓴다.

크나큰 선물은 해드리지 못할 형편인지라 털실을 사다가 조끼를 하나 떠서 보내 드린 거다. 진정 마음이 섭섭해서다. 우리 아가가 잠에서 깨기 전에 빨래를 해야 되겠다.

12월 17일

우리 아가가 "엄마" 하는 소리에 새삼 행복 느낀다. 다정하게도 엄마 하는 소리는 너무나도 귀엽다.

직장 시절 때의 생각은 일생 다 하도록 마냥 직장생활만 하고 나의 가정도 이토록이나 귀여운 아가도 진정 생각지 못했음이다.

또한 오늘은 오줌 깡통을 아가 손으로 붙잡고 누는 모습이 너무도 기특하다. 22개월 21일째 되는 날인데 벌써 아가 혼자서 소변을 처리하는데 너무나도 신기하고 기특하다.

12월 18일

오늘은 주님의 수난의 날 금요일이다. 구역예배를 드리려고 산동네집에 모였다. 정말 은혜로운 참여였다. 진정 주님만 믿고 살겠노라고 다짐했다. 쭉정이가 되지 말고 오로지 알곡으로 하나님의 곡간에 들어갈 수 있는 믿음으로 주님의 인도하심 받아 죽도록 충성하며 살겠다. 오로지 말씀에 충만해 아가도 말씀 안에서 시키고 가정도 말씀 안에서 거하도록 기도생활에도 힘쓰겠다.

12월 28일

오늘따라 무척이나 우울하다. 이제 며칠 남지 않은 81년도이지만 우리에게 무엇 하나 계획할 수 없는 무의미한 생활을 하자니 무척이나 안됐다. 보는 나 자신도 그렇거니와 놀고 있는 그이의 심정은 오죽이나 하랴 싶다. 어떻게 빨리 좀 일자리가 되지 않을까. 하지만 되지는 않고 하루하루 지내자니 무척이나 따분하다. 진정 찬희만은 이런 빈곤함 아랑곳없이 명랑하게 자라줬으면 하는 맘 간절하다. 그이는 무어라도 해보겠다고 나갔지만 뭐가 어떻게 돼서 귀가를 할지 궁금하다.

1982년

1월 18일

오늘부터 그이가 출근한다. 우선은 그다지 만족스럽지 않은 직장이지만 어쩔 수 없다. 개척하는 게 인생이다. 우리의 장래를 위해 찬희의 장래를 위해 무엇이든지 해야하니까.

사람은 진정 정직하게 살아야 한다. 하나님께서 존재하시는 한 말이다. 열심히 살자. 누구에게든지 굴복하지 말고 생존경쟁에서 꼭 승리하는 자가 되자.

그이의 친구인 위찬호씨께 감사한다. 진정 그 은혜는 잊지 말아야지. 금전적으로 무척이나 힘이 컸다.

1월 25일

구정이다. 그이는 비상근무로 집에 안 계신다. 찬희와 둘이서 있노라니 무척이나 처량하다. 눈물까지 나오려고 했다. 그러나 주님을 의지하는 한 "멀리 멀리 갔더니 처량하고 곤하며 슬프고도 외로워 정처 없이 다니네. 예수 예수 내 주여 곧 가까이 오셔서 쉬떠나지 마시고 부형같이 옵소서."

내일은 우리에게 선물로 주신 우리 아가의 생일이다. 진정 쪼들린 생활이지만 아가에게만은 그토록 설움을 보이고 싶지 않다. 오로지 명랑하게 총명하게 키우고 싶다. 무언가 마음에 심어주고 싶은 심정에서 케이크를 하나 준비했다.

진정 어려울 때일수록 더욱 아끼며 사랑하고 주님의 말씀에 순종코자 다짐한다.

"주님께서 저희에게 선물로 주신 우리 아가 원숭이처럼 재주있게끔 원숭이해에 보내주심도 감사하며 이젠 말씀 안에서 성장해서 주님께 영광 돌리고 세상에 나가 빛과 소금의 직분을 다할 수 있는 지혜로 길러 주실 것을 믿습니다."

2월 13일

참을 수가 없도록 울고 싶다. 그런저런 생각에 많은 신경을 쓴 나머지 머리가 무척이나 아프다. 어제는 차남이 동생이 결혼 준비물을 사러 갔다 왔다.

그러나 나에겐 정말 가슴이 아픈 경사라고 하겠다. 이제까지 그이가 자리를 잡지 못한 탓으로 떳떳한 자식 떳떳한 언니노릇을 하지 못함이 가슴 아프다. 웬만하면 가야되는데 지금의 나의 형편으로는 도저히 나설 수가 없다. 차라리 경비까지 보태어 조금이라도 더 경제에 도움을 드리고 싶은 게 나의 심정이다.

허탈감에 빠진다. 머리가 무척이나 아프다. 쉬고 싶은 심정 간절하나 빨래를 해야겠다. 하지만 찬희를 보는 순간마다 근심은 사라진다. 새근새근 잠자는 모습이 너무나도 예쁘다.

2월 27일

요 며칠 전 바로 밑에 동생이 결혼을 했다. 그러니까 넷째딸이다. 신부입장 때 곱게 잘도 키워 손 붙잡고 데려다 신랑에게 주는 아버님과 동생을 보는 순간 무척이나 서글펐다.

내 결혼식 때 미처 느끼지 못했는데 새삼스레 섭섭했다. 내가 이런데 부모님은 얼마나 섭섭하시랴. 애써 밝은 표정을 지으시는 아버님이 어딘지 모르게 어두워 보였다.

3월 6일

문순이한테 다녀왔다. 얼굴이 무척이나 핼쑥해 보였다. 1주일 전에 수술을 받은 까닭이다. 진정 마음이 아팠다. 이 동생 저 동생이 많은 나의 입장에선 더욱더 가슴 아픈 일이 많다.

남편이 문순이 주라고 돈 5천원을 주었다. 정말 고마웠다. 얼마 되지 않는 돈이라도 이렇게 생각을 해주니 정말 고마웠다. 또한 차남이 결혼 때도 좀 우리에겐 무리가 되는 부조금을 했기 때문에 나로서는 다만 고맙다는 말밖에 다른 할 말이 없다.

남편은 막둥이라서 어느 정도 자유로우나 3남 5녀 형제인 나의 입장에선 항상 책임감이 앞선다.

많은 이해도 해주곤 하지만 때론 성격면도 그렇거니와 막둥이란 본색을 드러낼 때도 없지만은 않다. 어쨌든 모든 걸 좋게 보자.

3월 14일

그이는 귀가를 안했다. 시간 관계상 가까운 언니 집으로 간 모양이라고 이해를 한다.

찬희와 난 기다림에 둘이 아침을 먹고 교회에 다녀왔다. 그러나 휴일이지만 집에 아무도 없는 게 무척이나 쓸쓸했다. 계절이 계절인 만큼 야유에 나가는 사람들을 볼 때 더욱더 마음이 허전했다.

마침 옆집 아줌마가 4·19기념탑에 놀러간다기에 우리도 같이 갔다. 찬희와 나 무척이나 초라해 보였다. 왜? 휴일이라서 모두들 아빠들 손을 붙잡고들 왔건만 우린 타국 아닌 같은 서울에 살면서도 아빠도 없는 아이 같아서였다.

그이 역시 휴일이면 가족과 함께 지낼 수 없는 직장에 나가고 있다는 게 한없이 유감스럽고 가족에게까지 죄스러운 마음 없지 않겠지만 말이다. 그 심정을 모르는 나도 아니다. 이해하려 하고 노력한다.

그이 역시 노력에 노력을 거듭해서 시간에 여유를 갖는 직장을 가져야 하고 나로서는 그에 뒷바라지의 현명한 내조가 필요하리라. 진정 그런 날이 빨리 와 이런 재미없는 생활을 버리고 마냥 아기자기한 생활을 추구하고 싶다.

지금 시간 오후 8시 20분이다. 아가는 옆에서 쌔근쌔근. 홀로 있노라니 너무도 마음이 측은해 왔다. 마구 통곡하며 울고 싶다. 설움에 겨워 두 눈에서 눈물이 감당할 수 없도록 마구 흘렀다. 인생살이란 이토록이나 울고 웃으며 사는 걸까.

3월 18일

내일은 그이의 휴무일이자 큰조카를 면회하러 가는 날이다. 무척이나 흐뭇한 마음과 동시에 분주하다.

누가 뭐래도 오늘은 무척이나 부푼 마음이다. 시동생이 없는 나는 큰조카를 시동생인 양 조카인 양 아주 다정하게 사이좋게 지내려 한다. 조카 역시 무척이나 따라주니 더욱 기쁘다. 아끼고 아끼며 알뜰한 살림을 꾸려 우리 큰조카 장가들 땐 좋은 선물을 선사해야지.

4월 3일

오늘따라 우리 찬희가 무척이나 불쌍히 여겨진다. 그저 돈만 아는 엄마 때문에 신 김치 한 가지 하고 밥을 먹는 찬희가 한없이 측은해 보인다.

지금 좀 고통이 되더라도 빨리 돈 모아서 집장만은 못하더라도 좀 넓게 우리 찬희를 자라게 하고 싶은 게 나의 욕심이다.

찬희가 상추를 아삭아삭 먹으면서 아휴 맛있다. 엄마 맛있어. 하는 모습이 진정 죄책감을 느끼게 했다.

진정 가슴이 아프다. 내일은 무어라도 좀 사다 해주어야지.

4월 26일

어제 4월 25일 미국 부시부통령께서 오셨다. 그래서인지 월요기획으로 한미수교 100년 민주주의의 뿌리를 마련했다. 정말 보고 듣고 배울 만한 선진국가의 생활풍습이었다,

먼저 자녀교육과 사생활과 노후생활 모두가 배워야할 바람직한 생활이었다.

자녀에겐 먼저 정직, 믿음직, 책임감, 자립심. 엄마로서 아내로서 여성으로서 아이들과 많은 시간을 함께하며 또한 사회활동을 하고 있다.

아빠로서 가장으로서 가정의 소중함을 명심, 경제적과 사랑으로 가정을 이끈다. 항상 가족 모두가 모여 많은 대화로서 불만해소, 의견존중으로 시민정신을 북돋운다. 아이들에게 항상 칭찬과 징계를 해서 자신의 잘못을 구별하게끔 한다.

정부의 대책도 필요하겠지만 부모나 자녀 서로가 기대지 않는 면은 더욱이나 존경할 만하다. 노후생활도 그렇다. 한동네 사는

자식이지만 불필요한 어떤 방문도 하지 않고 손자 손녀가 보고플 때 잠깐 들르는 게 고작이다. 노부부 둘이서도 충분히 행복하다.

진정 나의 마음을 감동시키는 프로였다. 진정 우리도 많은 걸 터득해서 우리 찬희의 앞은 자기가 좌우할 수 있도록 조기 교육에 전심전력 다할 것을 결심한다.

미국의 교육과정은 그렇다지.

의무교육이 12년이요, 우리나라의 대학 교육처럼 자유학과를 고등학교 때부터 실시하고 초등학교도 기본 과목이외엔 자기의 기질 따라 받을 수 있다고 한다.

부모의 가정교육도 조기교육도 중요한 건 사실이다. 그러나 국가적인 교육방법도 문제가 없는 건 아니다. 다만 부모로서 국가로서도 제2의 주인 새싹을 위해 많은 노력만이 필요하리라 믿는다.

찬희는 옆에서 새근새근 잘도 잔다. 아빠는 밤에 출근 아침에 퇴근하는 직업이어서 항상 시간에 구애를 받는다. 먼저 아기와 나 그이와 셋뿐이라 매식 때는 물론이고 문화생활 대화생활 모든 게 마비 상태이다.

어떻게 다른 직장이 마련됐으면 하는 바람이다. 모든 게 미숙한 나인지라 어제는 찬희의 고추가 갑자기 빨갛게 부어오르고 찬희가 심한 통증을 느끼곤 했다. 나 혼자 진정 안절부절못했는데 몇 시간 후 뜻하지 않은 그의 귀가가 반갑고 마음이 놓였다.

다시 아빠랑 같이 찬희의 환부를 보니까 이젠 농까지 나왔다. 걱정이 됐다. 의학백과사전을 찾아봐도 이유를 모르겠고 날이 밝으면 병원엘 가기로 하고 잠을 청했으나 잠이 올 수가 없다.

진정 아침 되어 보니까 많이 차도가 있어 보인다. 하루가 지난 이 시간엔 정말 완쾌상태이다. 그런데 농이 나왔다는 게 의심스럽다. 행여나 하는 불미스러움 때문에 비뇨기과의 검진이 필요할까 싶다.

5월 2일

오늘은 찬희와 둘이서 세종문화회관 별관에 갔다 왔다. '벌거벗은 임금님'이란 어린이 연극이다. 찬희가 졸지도 않고 무척이나 재미있게 보아서 뿌듯했다. 그런데 한 가지 아쉽다면 아빠도 함께였으면 얼마나 좋았을까 하는 아쉬운 마음이었다.

5월 4일

우리 찬희는 이제까지 육신의 양식으로만 성장해 왔지만 이젠 지식의 양식이 필요치 않나 여겨져 자꾸만 자신을 잃게 된다.

옛날처럼 밥만 먹여 학교만 보내면 되는 게 아니라 가정에서의 교육이 더욱 많은 비중을 차지한다는 선배님들의 말이다. 그렇다면 우리 찬희에게 적당한 교육은 뭘까? 유아교육이란 어떻게 어떤 방법으로 가르치는 걸까. 진정 자신이 없다.

많은 책도 읽고 노력을 해야만 되겠다. 이제부터는 진정 시간을 헛되이 보내지 않겠다. 진정 찬희를 자유롭게, 어린이답게 키우자. 어린이로서 부족함이 없도록 뒷바라지를 철저히 하며 오로지 어린이의 세계를 이해하도록 노력하자. 밝게 긍정적인 사고로 자신의 힘을 키울 기회를 주자. 큰 나무로 자라 나라에 필요로 하는 목재로 쓰임 받는 인물로 키우자.

5월 8일

오늘은 이모 댁에 다녀오는데 버스 속에서 짜증을 내기에 내려서 딸기를 사주겠다고 약속을 했다. 내려서 딸기를 샀다. 그러니까 82년 들어 처음으로 엄마의 손으로 딸기를 사준 거다. 무척이나 기뻐하는 표정이라니.

찻길에서 집까진 여간 먼 거리가 아니다. 그러나 제 손으로 들고 가겠다며 포기하지 않고 끝까지 왔다. 오는 길에 화분도 하나 샀다.

"엄마! 딸기 참 맛있다. 다음에 또 사줘 엄마."

딸기를 먹으며 찬희가 하는 말이다. 또한 꽃을 갖다 방에 놓으니까 감탄사 연발이다.

"엄마! 꽃이 참 예쁘지. 참, 예쁘다."

그런 아들을 바라보는 엄마의 마음 어떻게 표현할 수 없다.

정말 귀엽게 총명하게 자라는 우리 찬희가 정말 기특하다. 순간 모든 피로가 풀린다.

우리 세 식구의 건강을 위해 구충제도 사왔다. 더욱더 가정의 행복을 위해 노력하는 주부로서 현모양처로서의 본분을 다해야지. 찬희의 노래 보따리에 흐뭇한 마음으로 피곤했던 오늘을 후회 없이 마무리한다.

5월 10일

이제 시각 9시 조금 지난 시각이다. 그러나 잠을 청하려 한다. 왜? 희망의 꿈나라는 황홀하기 때문이다.

나는 유난히도 다정한 부부대화를 원하는 성격이다. 그러나 함께 있는 시간이란 24시간 중 단 6, 7시간뿐이다. 진정 이래서야 어찌 대화의 시간을 갈망하지 않겠는가.

항상 보고픈 마음으로 하루하루를 보내는 게 아쉽다. 나는 항상 연애할 때의 기분으로 산다. 그런데 그이는 어떻게 하루를 보내는지가 궁금하다. 그다지 뜨거운 표현은 못하는 성격이다.

나는 그렇다. 어느 사람보다도 더욱 사랑하며 정서생활과 취미생활에 진심 전력해 살고 싶다. 멋진 삶을 구성하고 싶다. 돈만 많이 모아 그저 부자라는 소리보다 인생의 즐거움을 누리면서 사는 게 나의 인생론이다. 그이가 없는 밤이라서인지 보통 취침시간이 이른 9시경이다.

아가가 옆에 있는데도 깨어있으면 처량하기 때문이다. 그래도 꿈속에선 우주선도 타보고 그리운 사람들도 많이 만나곤 한다. 나는 그냥 앉아 있는 것보다 꿈속의 만남을 즐기고 싶어 이른 잠을 청하게 된다.

진정 우린 원만한 가정생활을 하고 있다고 자부한다. 그다지 의견충돌도 없을뿐더러 서로의 마음이 통하는 점이다. 또한 항상 같이 있고 싶은 마음 간절하기 때문이리라.

다만 조금 아쉬운 점은 함께하는 시간이 많았으면 하는 거다.

5월 30일

새삼 행복한 여자임을 발견하곤 한다. 이해심 많고 마음이 넓은 그이. 우리처럼 이렇게 아기자기한 생활을 하는 이도 흔치 않으리라고 생각한다.

가정에서도 오로지 남자라는 것만 내세우는 남자들도 많다고 한다. 그러나 그인 항상 나의 인격도 인정하며 합리적인 생활을 원한다. 그이가 잘하면 잘할수록 나는 더 많이 잘하고 싶다. 더욱더 행복하고 풍요롭게 살아야지. 꼭.

6월 1일

우리 찬희가 무척이나 핼쑥하다. 정말 가슴이 아프다. 며칠 전 급성감기로 밤잠을 이루지 못해 안타까웠다.

그래도 너무나 순한 아이라서 엄마한테 보채지도 않고 기침 때문에 깊이 잠이 들지 못하고 뒤척거렸다. 정말 딱했다. 이젠 어느 정도 완쾌가 되어 조금 마음이 놓이긴 하지만 축난 몸을 무엇으로 충당하랴!

아이는 아프면서 자란다더니 배설도 스스로 하고 말도 여간 잘하지 않는다. 보는 대로 듣는 대로이다. 기특하고 신기하다. 마음이 뿌듯하다.

6월 7일

부모형제가 무척이나 그립다. 지난 몇 달 동안 아무런 소식이 없고 지내다보니 궁금하고 그립다. 맏이로 딸만 많이 낳아 남들에게 좋은 일만 하신 까닭으로 나이도 많으신 몸으로 직장에 나가고 계시는 아버지를 생각하니 무척이나 가슴이 미어진다.

또한 뚜렷한 직장 없이 방황하는 큰남동생과 막냇동생이 무척이나 마음에 걸린다. 그렇다고 나의 힘으로 무엇 하나 도움이 되어주지 못하는 처지라 마음이 아픈 건 어쩔 수 없다.

진정 떳떳한 누나로써의 본분을 다 하기 위해서이다. 밀려오는 이 그리운 마음을 무엇으로 위안을 받을 길 없다. 요즈음에는 왠지 찬희가 전화에 대고 삼촌을 자꾸 찾는다. 물론 장난감 전화이지만 말이다. 찬희마저 삼촌을 찾고 하니 더욱 보고 싶어지나 보다.

우선 이 밀려오는 그리움을 억제하기 위해 편지를 쓴다. 장장 4장의 글을 썼다. 이제 겨우 마음이 조금 풀린 듯싶다.

7월 1일

오늘따라 무척이나 짜증스럽다. 찬희마저 왠지 보채고 미운 짓만 한다.

그이는 월말이라 바쁘다고 일찍 출근하고 혼자 아이랑 실랑이 하느라 힘들다.

하루빨리 직장을 옮기게 됐으면 하는 마음 간절하다. 그이는 그이대로 고달프겠지만 찬의 장래에도 영향이 미치니 하루 빨리 어떻게 변화가 있었으면 하는 마음이다.

8월 8일

우리 찬에게 미안한 마음 그지없다. 이제까지 엄마로서 그저 야단치고 때린 게 한없이 어리석음을 깨달았다. 아가인 찬희가 잘못한 게 아님을 깨달은 것이다.

이제까지 엄마는 아가의 세계엔 너무도 미지였다는 사실이다. 아가의 세계를 이해하려 하지 않고 오로지 엄마의 세계로 아가를 이끌려했던 것이다.

진정 용납할 수 없는 어리석음이었다. 좀 더 아가의 세계를 이해하며 아가의 걸음마를 같이 걷는 엄마가 되어 우리 아가는 악을 모르는 정직하고 정서로서 키우겠다고 다짐해본다.

어느 날의 일이다. 엄마의 취미란 조그마한 꽃을 화분에 가꾸기와 돌의 색깔을 위주로 수집하는 거다. 그런데 우리 찬도 밖에 나가기만 하면 들풀을 보고도 "엄마 꽃 심어. 응." 하면서 따가지고 온다. "엄마 참 귀엽지." 하면서 말이다. 그리고 돌멩이를 아예 아가의 자가용으로 한 차씩 주워온다. 그래 이런 정서적이고 좋은 면도 있지만 반면 엄마의 언어로서 실수를 할 때도 있다. 무심코 '미친×'이란 말을 했다. 그런데 찬도 어느 날 밤 캄캄한데 어느 아저씨가 전등불을 켜들고 오니까 "엄마 저기 미친× 봐." 하는 것이다. 진정 마음이 뜨끔했다.

엄마의 언어행실이 중요함을 새삼 느꼈다.

9월 9일

기침감기에 걸려 이틀째 병원에 다녀왔지만 별 차도가 없다. 기침하는데 너무나 고통스런 모양이다. 자꾸만 징징 운다.

그렇다고 엄마 야단만 치니 더 서럽겠지. 그런 걸 모르는 엄마가 아니다. 하지만 너무 제 뜻을 받아주기만 하면 자립하는데 영향이 미칠까 우려해서다.

진정 내가 아프고 말지 아가의 고통 못 보겠다. 모든 부모들의 마음이란 한결같겠지. 내일은 외출을 좀 삼가고 싶은데 큰시누이댁 주택공사로 인해 어쩔 수 없다. 친정 아닌 시댁식구이기 때문이다. 누구가 뭐래서 시집살이가 아니라 나 자신이 어려운 게 시집살이다.

저녁도 먹지 않고 옆에서 자는 모습이야 안타깝다. 배는 홀쭉하고 식은땀은 보송보송 나고 정말 안쓰럽다. 이 밤이 새면 완쾌되었으면 바라는 마음이다.

9월 12일

오늘은 왠지 유난히 처량한 기분이다. 어느새 가을이 되어 쌀쌀한 바람은 일고 그이는 출근하고 우리 찬과 단둘이 있으려니 측은한 생각이 든다.

더군다나 어제는 그이가 과음을 하고 눈물을 보였다. 남자가 눈물을 보인 건 뭔가 까닭이 있으련만 말이 없다. 순간 실망감으로 내 마음은 어쩔 바를 몰랐다. 어쩜 처자식 앞에서 남자답지 못하게 눈물을 보이냔 말이다.

작년 아버님 생신 때 시골에서도 그랬다. 그렇지만 그땐 실업자의 생활고로 이해했다. 하지만 이번에는 눈물의 저의를 모르겠다. 그렇다고 어린 자식 보는데 자꾸 이유를 물으며 다툴 수도 없다.

이런저런 생각을 하니 더욱더 슬퍼진다. 그렇다고 허심탄회하게 의논할 대상도 없다. 오로지 나 자신 혼자뿐이다.

10월 1일

추석이다. 그러나 명절이건만 우리에겐 명절답지가 않다.

모든 사람들은 고깃국이다 송편이다 고운 옷으로 명절을 맞이하겠지만 우린 오로지 구두쇠 작전으로 맹미역국을 먹었다. 하지만 서글프거나 쓸쓸함이란 전혀 느끼지 않는다. 다만 알뜰하게 모아서 우리 아가에게만은 빈곤함을 물려주고 싶지 않기 때문이다.

그래서 어느 누구보다도 천진난만이 밝게 키워보고 싶다. 노력에 노력을 거듭해야지. 다시 한 번 다짐한다.

10월 17일

마음이 우울하다. 왠지 나도 모르겠다. 어쩜 밤인데도 곁에 있어야할 사람이 없기 때문인지도 모른다.

옛 친구들이 또한 나를 아는 모든 이들이 그리워진다. 어쩐지 우울한 마음은 걷잡을 수 없다.

이렇게 한 평생 사는 게 인생이라지. 나는 항상 그렇다. 이 밤도 변함없는 바람이지만은 내가 그리워하는 모든 이들을 꿈에서나마 만나기를 기원하며 잠자리에 든다. 결코 허황한 꿈일지언정 말이다.

10월 19일

이렇게 사는 게 인생일까? 오늘이 지나면 내일은 좀 나아지겠지? 항상 속아 사는 게 인생일까?

지난해 가을 이 무렵에도 그랬었지. 날씨가 싸늘해지고 그이는 일자리도 없고 우리 찬희는 먹을 게 없던 날을 생각하니 마음이 아려온다.

그렇다. 지난해에 비하면 너무나 행복한 가을이다. 그러나 이렇게 한두 해 넘기다 보면 인생이 늙어진다니 허무하다.

11월 7일

몸이 무척이나 아프다. 왠지 생리통인지 견딜 수가 없도록 고통스럽다. 모든 병이 밤엔 더욱더 성하듯이 어젯밤엔 더욱 아팠다. 곁에는 찬희 밖에는 없었다.

그이가 곁에 있다면 위로가 되련만 안타깝기 그지없다.

오늘 역시 아픔이 계속됐다. 하지만 찬은 아랑곳없이 엄마한테 유난히도 성가시게 했다. 무척이나 미웠다. 이래서는 안 된다는 걸 잘 알면서도 짜증내고 야단쳤다.

모쪼록 엄마가 언어 행실을 조심해야 한다는 걸 항상 명심하고 있지만 성격상 지나치고서는 후회해야 하는 나 자신이다. 엄마는 이기주의자다. 아이의 세계를 이해해 주려하지 않고 엄마의 생각대로만 키우려 하는데 크나큰 잘못이리라 알면서도 왜 그대로 행치 못하는 걸까. 어느 엄마들의 한결같은 소망이겠지만 말이다.

지금까지의 성장은 그래도 무척이나 총명하고 밝은 것 같다. 여기서 더욱 노력하며 이대로 힘쓴다면 어느 누구보다도 좀 더 훌륭한 인물로 성장하리라 믿는다. 한시도 게을리 하지 말고 엄마도 항상 연구하며 책과 더불어 노력해서 훌륭한 엄마의 본분을 다하련다.

그런데 아빠인 그이께 불만이 있다. 그이는 이대로가 아빠로서의 할 일을 다 했다고 생각하는지 도대체 알 수가 없다. 현실은 옛날과는 달라 아이들이 부모한테 요구하는 것도 많다. 그저 돈으로만이 부모노릇을 다한다고 생각하면 큰 오산이다. 친구가 되어주어야 한다.

우리 아빠는 그저 잠자고 식사하고 직장에 가면 그만이다. 물론 직장 생활에 애로가 많겠지만 아가와의 시간을 많이 가져주었으면 하는 바람이다.

11월 20일

오늘따라 찬은 찬대로 뭐가 불만인지 오로지 불평만 하고 엄마에게 반발의 연속이다. 좁아터진 방에 아빠야 물론 야근을 했으니까 자야 당연하겠지만 나의 짜증을 더욱 돋운다.

찬희가 자꾸 바지에 오줌을 지린다. 그렇다고 자꾸 야단치고 때린다면 역효과가 나지 않을까 싶지만 성격 탓인지 어찌 억제할 길이 없다. 진정 엄마로서 심각한 문제다. 어떤 무슨 방법으로 자녀 교육을 시켜야 될지 나로서는 크나큰 과제가 아닐 수 없다.

사실 우리의 환경도 문제가 아닐 수 없다. 장난감 한 번 마음 놓고 가지고 놀 수 없는 것, 또 큰소리치며 벌떡벌떡 뛰놀 수 없게끔 항상 주의만 주는 엄마 아빠가 한없이 원망스럽겠지.

11월 21일

그다지 기분이 나쁘진 않다. 오늘은 정말 우리 찬의 세계를 많이 이해해주며 우리 찬의 생각에 호응을 참 많이 해주었기 때문이다.

한결 부드러워 보였다. 여느 때 같으면 큰소리 내야 했지만 어제의 이 시간을 몇 번씩 기억했다. 진정 참자. 우리 찬희의 세계를 좀 더 이해하자. 이대로만 이행할 수 있다면 순조롭게 습성이 되리라. 그렇다면 밝은 내일이 약속되리라 믿는다. 나 자신도 고맙다. 모든 걸 참을 수 있었다는 게 새삼 뿌듯하다.

내일도 모레도 그리고 또 먼 훗날도 선으로 우리 찬희를 대하리라. 그럼 우리 찬도 역시 선을 먹고 자람에 모든 이들에게 선을 행하리라 믿기 때문이다.

12월 19일

며칠 전 밤에 끔찍한 순간을 맞았다.

찬희가 갑자기 경기로 인해 전신이 마비됐다. 진정 그 순간 나는 정신이 혼미해졌다. 우리 찬희의 생명이 꺼져가는 듯싶어 악몽 같았다. 정말 엄마의 잘못이 아닌가 싶다. 이젠 나에게는 밤이란 게 무척이나 괴롭다. 아빠가 안 계신 밤이기 때문이다.

12월 23일

내일은 바로 크리스마스이브다. 금년도 며칠 남지 않았다.

그렇다. 올해는 나에겐 무척이나 보람된 해였다고 생각해도 과언이 아니리라.

오늘은 더욱이 보람되고 기쁜 달이리라. 많은 걸 배우고 깨우치며 다짐도 해보는 하루라고 자부한다. 그렇지만 현실에 만족하지 않고 노력에 노력을 거듭해서 더욱 발전해나가야지.

좀더 남편에게 현명한 내조로 출세를 시키는 아내가 되어야겠다. 항상 부드러운 나의 눈길 속에서 조금도 거리낌 없는 아내가 되어야겠다. 여자면 다 여자가 아닌 꼭이나 필요한 아내가 되어야겠다. 남편이 언제 어디에서 기억하더라도 진정 환하고 멋진 빈틈없는 아내로 남편의 마음속에 살자.

항상 남편에게 감사하는 마음으로 살자. 우리 찬에겐 인자하고 자비로운 엄마로 살자. 우리 찬희는 엄마를 많이 따른다. 결코 지나칠 정도다. 진정 자립심이 필요하다. 너무나 과잉보호한 까닭인지도 모르겠다.

내가 제일 마음에 두는 게 자립심인데 우리 찬에게 그런 빛이 비치다니 무척이나 걱정스럽다. 이대로는 절대로 안 되겠지. 진정 82년도 열심히 살아왔다. 그러나 83년은 더욱 열심히 살자. 최대한으로 절약하며 선하게 하나님 앞에 부끄럼 없이 살자.

무엇보다도 새해부터 주님과의 거리를 좁혀 항상 기도하며 범사에 감사하며 한 걸음 한 걸음 주를 따라 가는 생활을 해야겠다.(꼭이나 행함이 필요하겠지.)

12월 30일

오늘이 동생 성문이 생일이다. 음력 11월 16일. 성문이가 부모 곁에 있으면 별 문제가 아니련만 타향에 와 있기에 마음이 쓰인다. 그이에겐 미안한 마음도 아랑곳없이 실례를 했다. 그이의 공금을 써야 했기 때문이다. 그래 누나된 도리로서 생일을 맞이한 동생에게 좋아하는 고기를 좀 먹이고 싶은 심정이었다. 돼지고기와 상추를 사가지고 상을 차려주니 무척 맛있게 먹는 걸 보니 새삼 내 마음이 기뻤다.

그러나 마음 한구석에선 근심이 떠나질 않았다. 그이에게 무슨 면목으로 어떻게 말을 해야 좋을지 난감했다. 여유가 좀 있는 형편이라면 그이 역시 좋아하고 잘했다고 할 건 사실이다. 그러나 그렇지는 못한 생활에 무리를 했기 때문이다.

1983년

1월 2일

이제 또 한 살을 더 먹는다. 우리 찬희도 그만큼 자라겠지. 그럼 나에겐 더 큰 과제가 남겠지. 우리 찬희가 한 살 한 살 자람에 엄마로선 대견스럽다못해 두려운 마음이 앞선다.

먼저 부모로서 해야 할 과제는 맘껏 뛰고 놀 수 있는 장소와 남의 눈치 보지 않고 살 수 있는 집을 마련하는 일이 아닌가 싶다.

그렇다면 교육비가 필요치 않은 지금의 시기에 돈을 모아야 된다. 그이가 한 2년 실업자가 됐던 것이 아직도 복구가 안 되었다. 실직이란 이만큼이나 엄청난 결과를 낳는다는 걸 절실히 깨닫는다. 값비싼 경험을 했다.

1월 26일

오늘이 바로 우리 찬희의 3번째 생일이다. 요즈음 경제사정이 말이 아니다. 그러나 엄마로서의 본분을 다하고자 또한 어린 마음에 풍요로움을 심어주기 위해 케이크도 준비했다.

우리 찬은 복이 많은 것 같다. 공교롭게도 축하객이 많았다. 덕분에 엄마 생각 외로 떡도 하고 식혜도 하게 됐다. 두 이모들이 오셨고 이모집 누나 형 모두 다섯이나 왔고 삼촌도 왔고 서희누나, 성우형이 선물도 주고 아줌마께서도 선물을 주셨다.

무척이나 고마웠다. 그러나 한편으론 부담을 주지는 않았나 미안한 마음도 든다.

또한 우리 언니들에게 너무너무 미안하다. 우리 조카들 생일땐 한 번도 참석하지 못했는데 이토록이나 부담을 주어서 죄스럽기 짝이 없다. 큰언니가 멋진 티셔츠를 사주셨고 작은언니는 속옷과 양말을 사주셨다.

큰언니한테는 미안한 게 한두 가지가 아니다. 잊지 말아야지. 찬도 여간 좋아하지 않는다. 누나 형들이 박수도 쳐주고 축하송도 불러주었으니 얼마나 즐거웠으랴. 오늘의 이 즐거움이 단순히 오늘로 끝나지 말고 우리 찬희의 동심에 보탬을 주어 길이길이 마음에 남아 밝게 자라줬으면 하는 나의 바람이다.

과연 열매는 어떻게 거두게 될 것인지 새삼 두렵다. 우리 아가가 한 살 두 살 자람에 나의 걱정은 더욱 커간다. 교육은 무엇을 어떻게 가르쳐야 될지 너무나도 걱정스럽다.

엄마로서의 자격을 갖추지 못한 탓일는지도 모른다. 우리 찬희의 오늘 이 모습을 카메라에 담았다.

2월 3일

세상에서 계집자랑과 자식자랑 하는 이가 제일가는 팔푼이라고 한다지? 그러나 이건 자랑 아닌 뿌듯함이리라 생각하고 거리낌 없이 나열하련다.

우리 찬의 효자발견이 날로 눈부시도록 새로워진다. 엄마를 화장실도 못 가게 따라붙던 아이가 신년들면서부터 잠깐 아닌 장시간도 혼자서 논다. 엄마가 어딜 가면 이젠 "엄마 안녕히 다녀오세요" 하면서 따라 나서지도 않고 의젓하게 인사를 한다. 정말 눈물겹도록 고맙다. 유난히도 언어발달이 빠르다. 감사합니다. 안녕히 주무세요. 안녕히 주무셨어요. 이루 말할 수 없이 귀엽고 깜찍스럽고 의젓하다. 훌륭한 자녀로 성장시키고 싶은 건 모든 부모들의 한결같은 소망이겠지만 우리 찬은 지금까지 두드러진 면은 없어다. 어쩜 그리 조리 있게 잘하는지 놀랄 정도이다. 더 두고 봐야 되겠지만 엄마의 욕심 같아서는 법을 공부해서 장차 법관이 되었으면 하는 바람이다.

엊그제의 일이다. 엄마가 무척이나 피곤하고 몸이 좀 아픈 듯했다. "찬아? 엄마 아파주겠다." "엄마, 그럼 여기 누워요. 여기 따듯해요. 엄마. 베개 없으니까 내 무릎을 베어요."라고 하면서 저의 무릎을 내미는 것이다. 이제 세 돌밖에 안 된 녀석이 이토록이나 융통성이 있는 걸 생각하니 대견스러웠다. 그래 우리 찬인 아직까진 참 순하고 착하게 잘도 자라줬다. 이제까진 많은 고생도 없이 키운 것 같다. 다른 아이들보다 참 순하게 갓난아이 시절도 보냈다. 모든 게 고마울 따름이다. 그러나 지금부턴 우리 찬에겐 많은 지도가 필요하다. 인생의 지능 80%가 지금의 시기에서 형성된다지 않아. 그렇다면 엄마에게도 책임이 많겠지. 무엇으로 어떻게 교육을 시켜야 될지 말이다. 세대가 세대인 만큼 조기 교육이니 뭐니 야단들이다. 어떻게 해야 뒤지지 않는 평범한 자녀로 성장될 수 있을까. 두려운 마음이다.

우리 찬인 굉장히 의욕적이다. 아마 엄마를 닮지 않았나 싶다. 그건 어디까지나 좋은 현상이다. 요즈음 제법 사람도 잘 그리고 지각력과 비교력에 눈이 떴다. 더욱 엄마의 노력이 필요하겠지. 항상 공부하는 엄마로서 우리 찬은 결코 학구파로 키우겠다. 민주적인 엄마로서 자유롭게 키우겠다.

2월 7일

찬희가 감기에 걸렸다. 그동안 무척 건강했는데 요즈음에는 알 수가 없다.

오늘까지 병원엘 사흘씩이나 다녔지만 차도가 없다. 여간 걱정스럽지가 않다. 행여 영양실조는 아닌가 싶다. 요즈음 식생활이 말이 아니다. 지독하게 모아서 어서 빨리 우리 찬에게 맘놓고 놀 수 있는 안식처를 마련해 주고자 구두쇠로 살아간다. 그러나 그날을 위해 오늘의 건강을 생각지 않는다면 어리석은 일인 것 같다.

2월 24일

찬희가 왜 엄마의 마음을 아프게 할까? 너무나 고집쟁이로 변해간다. 심한 고집 때문에 호된 매질과 꾸중을 해야 했다. 그래도 저의 분은 풀리지 않은 모양이다. 얼마동안 씩씩대며 땅에 주저앉아 발버둥까지 치며 울어대고 야단이다.

저녁식사를 하는 둥 마는 둥 하고 지금 시간엔 옆에서 쌔근쌔근 때때로 눈길을 준다. 무척이나 분했나 보다. 옆에서 지켜보노라니 가슴이 찢어지는 듯싶다. 궁둥이를 3번 맞았는데 1번 맞은 자리가 자국이 나 있다. 나에게 무척이나 심각해진다. 이런 고집쟁이를 어떻게 길을 들일까? 이대로 성장해도 괜찮을까? 진정 걱정스럽다.

3월 8일

지금의 심정이라면 죽고만 싶다. 그야말로 살맛이 나지 않는 기분이다. 모든 이유를 남편에게 돌리고 싶다. 똑똑하지 못한 무능한 남편을 만난 탓으로만 돌리고 싶다.

며칠 전 내 집 마련이란 꿈을 안고 우리에겐 너무도 과분하고 부담스런 집을 계약했다. 며칠이 지난 오늘에도 기쁘기만 해야 할 기분이 이토록이나 죽고만 싶은 기분으로 변할 줄이야. 진정 누가 나를 이토록이나 괴롭게 하는 걸까.

진정 나에겐 어울릴 수 없는 성격의 소유자 남편인지 도무지 알 수가 없다. 나의 자존심으론 어느 인간을 막론하고 모두를 미워하고만 싶다.

4월 3일

봄비답지 않게 제법 쌀쌀하고 진눈깨비마저 섞어 내리고 있다.

오늘 우리 그이가 애처로워 보이긴 처음이다. 며칠 전 직장에서 좋지 않은 일이 있었나 보다. 그러나 내가 알까봐 행여 나의 마음에 걱정이 될까 하는 마음에 혼자 꾹 참고 지냈던 것이다. 요즈음 나는 나대로 건강도 좋지 않고 유산까지 했으니 더욱이나 그이는 초조했으리라.

오늘 그이의 일을 듣고 보니 너무도 안타깝고 애처로웠다. 한없이 불쌍해 보였다. 직장도 그렇거니와 나는 나대로 짜증의 연속이요 불만의 나날이었으니까 말이다. 이런 내가 한없이 원망스러웠겠지만 불평 한마디 없이 잘도 견디며 가정을 잘도 이끌어 나간다.

이런 위기에서도 내가 그이를 감사주지 않고 박대한다면 진정 나란 여자는 인간이하일지도 모른다. 모든 불만을 그이에게만 돌릴 수는 없는 것이다. 어디까지나 내성적인 성격으로서 나의 직선적인 성격을 잘도 소화 시켜주었던 것이다.

남편으로서 한 아이의 아빠로서 하고 싶은 걸 억제하며 자존심도 버리고 오로지 가정을 위해 연구하며 노력하는 그이가 한층 더 위대해 보였다.

서로 의지하며 사랑하며 아껴주며 아기자기한 생활을 영위하리라 결심한다. 오늘로서 우리 그이에게는 꼭 나란 사람이 필요하다는 걸 절실히 느꼈다. 그이의 마음을 이해하며 위로하며 편안하게 해줄 수 있는 사람이 바로 내가 아닌가 말이다.

삶에 의욕이 생긴다. 그이는 역시 물론 나에게 필요한 사람이다. 아내로서 남편을 존경하며 사랑하며 서로를 항상 이해하는 마음으로 여자란 본분을 떠나지 아니하며 살리라 새삼 다짐해본다. 실행이 중요하리라.

6월 29일

오랜만에 이런 한가한 시간을 가지게 된 것 같다. 그동안 더부살이 하느라 세 식구 모두가 고생도 무척이나 많았지. 이젠 내 집에다 우리 세 식구만이 모여 살게 됨이 세상 처음인 것 같아 새삼스럽기 짝이 없다. 안채로 들어가 살지 못함이 조금은 아쉬운 마음이지만 옆방도 널찍하고 우리에겐 부족함 없이 살 수 있겠다.

이젠 내 집 마련은 했으니까 더욱 발전해 우리 돈만으로 집 한 채 지닐 수 있는 날이 빨리 오길 고대하며 노력을 거듭해야 되겠지. 그동안도 우리 세 식구 열심히 부끄럼 없이 살았다. 그런데 요즈음 아빠의 생활면에 은근히 마음이 거슬린다.

아마도 권태기가 아닌가 싶지만, 바라던 이상에 너무도 어긋나는 것 같다. 나는 굉장한 낭만주의자요 상대는 술꾼이라….

때론 술 때문에 가정도 처자식도 망각한 채 많은 시간을 술자리에 투자해 버릴 때는 정말 참을 수 없이 밉다. 그런 시간을 가족을 위해 쓴다면 나로서는 더 이상 바랄 게 없을 것 같다.

나의 불만의 80%가 바로 이거니까. 물론 나에게도 책임이 있겠지만 항상 대화에 굶주리는 이 생활에서 먼저 우리에게는 대화가 필요하다. 지금도 이대로라면 더 이상 살고 싶지 않은데 나의 솔직한 심정이다. 내가 과연 누구를 위해 이 젊음과 나의 인생을 희생하는 건지 말이다.

7월 18일

왠지 무척이나 마음이 서글퍼진다. 지금 테이프에선 유명한 가곡이 흘러나온다. 너무나도 위로가 된다. 내가 제일 좋아하는 곡들이라서인지 눈물겹도록 마음이 감동스럽다.

지금 듣는 이 곡들은 나를 동심의 세계로 데려간다. 모든 이들이 그리워진다. 만나보고 싶은 벗들이 떠오른다. 나란 사람을 그리워하는 사람이 있을까!

앞으로는 세월이 가면 갈수록 이런 공상의 시간이 많아지겠지.

인생의 허무함을 너무도 일찍이 깨달은 게 어쩜 나에게 크나큰 병인지도 모르지. 그렇다면 어느 누구보다도 더욱 알차고 보람된 삶을 영위해야 되련만, 그렇지도 못함이 못내 안타까워 이토록 서글퍼지는가 보다.

잠깐 지난날들의 비망록을 다시금 읽어봤다. 끝내 눈물이 나고 참을 수가 없다. 뜨거운 눈물이 왈칵 쏟아진다.

7월 23일

역시 여자의 행복이란 작은 것에서 시작된다. 무척이나 마음이 흐뭇하고 행복함을 느꼈으니까. 잠시 그이와 다정한 데이트를 했기 때문이다. 그대로 마냥 걷고 싶었지만 그이의 출근길이요 나는 시장가는 길이었기에 아쉬웠다. 그이가 내 손을 잡고 거닐다니 그이가 눈부시게 대담해진 것 같았다. 이대로 계속 발전해줬으면 하는 마음으로 오늘은 계속해서 기분이 좋다.

9월 10일

이젠 마음이 좀 한가해진 것 같다. 그동안 융자를 받지 못해 큰시누 댁 집을 담보로 잔금을 치렀던 것이다. 그런데 어제 국민은행의 융자가 나왔다. 한결 마음이 가벼워졌다. 누구에게 말은 안 해도 그동안 얼마나 많은 마음을 졸였던가. 큰고모부 아니면 어림없는 일이었다.

요즈음엔 경제적인 면으로 무척이나 복잡하다. 그러나 결코 후회하진 않는다. 우리의 생활이 5년은 앞당겨진 것은 사실이니까. 우리가 이 집을 살 때보다 집값이 많이 올라간단다. 그렇게 되면 우리 요즈음 고생의 보람이 크지 않을까 생각한다. 그이는 때때로 나를 무척이나 대견스럽게 여긴다. 내가 집을 사자고 졸라대어 집을 보러 다니니까 "여보! 당신 헛수고 하지마." 하고 말렸지만 결국은 내 집을 마련했지 않은가.

10월 8일

오늘부터 꽃꽂이를 시작했다. 프로가 될 때까지 꾸준히 해봐야 되겠지만 어떻게 경제적으로 지장이 없을까 큰 걱정이다. 꽃꽂이 선생님도 많은 칭찬을 하셨다. 조금만 노력하면 좋은 성과를 거둘 수 있겠노라고. 그럼 그 후엔 부업으로도 손색이 없을 거라고 귀띔해 주셨다.

한 4, 5년을 해야 만이 사범의 자격이 된다는데 나에겐 취미도 있고 하니 열심히 해서 다음엔 나의 손으로 직접 가르쳐 본다는 게 여간 기쁜 일이 아니다.

결코 헛된 꿈이 안 되길 바란다. 무슨 일이 있더라도 꼭 참고 이겨내며 많은 노력을 해보련다.

10월 12일

은근히 걱정이 된다. 찬희가 난생처음 떨어져 자는 밤이기에 마음이 놓이질 않는다. 어떻게 보채지 않고 잘 자는지. 찬희를 위해서라도 꾹 참고 보냈다. 생각하면 어차피 혼자의 힘으로 해야 할 모든 일들을 어려서부터 해봄도 바람직한 것 같아서 일부로 보냈다고 해도 과언은 아니리라.

찬희가 없는 하루 한가로운 시간을 보냈다. 국가적으로도 너무도 심각한 상황에 있고 해서 그런지 일도 잡히지 않고 심란하기만 하다.

*대통령 버마방문 중 동행했던 장관 및 차관, 기자 16명이 북괴의 무자비한 행동, 폭발물 설치로 인해 순직했다.

11월 15일

찬희를 친정엄마께 좀 보살펴달라면서 보냈다. 어느 누구보다도 더욱 알찬 내일을 갖고 싶기에 찬희와의 이런 헤어짐도 서슴지 않았다.

11월 19일

찬아! 오늘따라 왜 이다지 그리울까. 지금 엄마 곁엔 너의 그리움을 달래줄 이 그 아무도 없다구나.

찬아! 엄마는 지금 통곡하며 울고 싶구나. 찬희를 마구 부르면서 말이다. 아빠라도 곁에 계시면 좀 나으련만 그렇지도 못하니 더욱더 안타깝구나. 며칠만 있으면 엄마가 갈게. 그때 만나자. 그리고 또 헤어져서 몇 달만 있으면 엄마가 데려와 유아원에 다니게 해줄게.

찬아! 모쪼록 건강하게 씩씩하게 자라다오. 좀 더 알찬 내일을 너에게도 안겨주고 싶기에 지금의 이런 그리움의 쓰디쓴 고통을 함께 해야 되나보구나.

찬아! 강하게 대담하게 자라다오. 남자는 어디까지나 대담해야 돼. 엄마는 이 세상 어느 누구보다도 그리움의 노예생활을 많이 했으며 모든 이들의 정에 허덕이며 살아왔기에 절대로 그런 생활은 하지 않으려고 결심했건만 우리 찬까지 엄마를 그리워하게 해서 정말 엄마는 미안하다.

잘 자라. 좋은 꿈 꾸거라.

11월 21일

찬아! 오늘은 너의 예쁜 옷을 많이 사왔단다. 이젠 두 밤만 자면 엄마와 찬희가 만나게 될 거야.

찬아! 엄마도 이 밤이 무척이나 길게 여겨지는구나. 엄마도 지금이라도 달려가서 찬희를 안아주고 싶지만 엄마의 도리상 부여 큰집에 들러서 할아버지, 할머님을 뵙고 바로 찬희한테 가도록 할게. 지금쯤 아마도 찬희는 꿈나라로 갔을지도 모르지.

찬아! 그럼 우리 참고 살자꾸나. 오늘 아침에는 아빠한테 꾸중을 들었단다. 그래서인지 엄마의 기분이 그다지 좋은 편은 아니란다. 아침부터 눈물 좀 흘렸더니만 공금 20,000원도 잃어버리고 엄만 속이 상해 죽겠단다.

11월 25일

나는 울면서 떠나왔다. 찬희가 울면서 따라오려고 했기 때문이다. 왜 내가 나의 하나밖에 없는 자식을 이렇게 울리면서 떠나와야 했는가 생각하니 가슴이 아프기 한이 없다.

대변보겠다고 화장실에 넣어놓고 도망치다시피 했던 엄마가 한없이 원망스러웠겠지. 그저 우리 찬희에게 미안할 뿐이다. 따뜻한 봄이 오면 데려다 유치원에 입학시켜야겠다.

그게 교육면에서도 현명하리라 믿는다. 또한 우리 엄마, 아빠께도 정말 미안하고 고맙다. 한없이 통곡하며 울고 싶다.

11월 26일

마음이 조금 놓인다. 전화를 해보니까 이젠 울지도 않고 아주 잘 논다고 하신다. 사실 엄마가 안 계신다고 해서 기가 풀리고 할 성격의 찬희는 아닌 것 같다. 막상 집에 도착해보니 안 데리고 온 것이 어쩜 다행인지도 모른다.

우리 집에 있는 것보다 아무렴 생활수준이 높기 때문이다. 먼저 방도 춥지도 않았다.

12월 7일

그이는 찬희가 무척이나 보고 싶은 모양이다. 말수가 적은 이가 갑자기 찬희를 데려오라고 하니 그 마음 이해하고도 남음직하다.

찬희를 데리러 가는 열차 안에서 이 글을 쓴다.

우리 찬희는 얼마나 엄마, 아빠가 그리울까. 울면서 따라오려는 찬희를 놓고 오는 엄마의 심정도 무척이나 아팠지만 내일은 울지 않아도 되겠지. 같이 오니까 말야. 이제 죽어도 헤어져 살지 않으리. 우리 찬희의 마음을 아프게 해주지 않으리. 정말 찬희한테 미안하다. 몇 푼의 돈 때문에 헤어져 살아야 한다는 건 우리 찬희에게 크나큰 불행이었으랴. 둘도 없는 우리 찬희. 정말 보기도 아까운 우리 찬희가 아니던가. 우리 찬희의 교육을 위해서라도, 장래를 위해서라도 돈 버는 데만 생각해서는 안 되리라. 우리에게는 물론 돈도 중요하겠지만 우리 찬희에겐 엄마, 아빠가 더욱 중요하지 않을까.

엄마는 이 열차를 타고 가는 이 순간도 생각의 생각을 거듭해 본 결과 우리 찬희가 중요함을 결론내린다.

12월 10일

이젠 슬프지도 외롭지도 않다. 그이와 찬희가 모두 내 곁에 있으니까. 이토록이나 재미있게 뛰어노는 우리 찬희가 없었으니 보고 싶기도 했겠지.

때론 말썽장이 개구쟁이지만 때론 떳떳하고 자랑스런 엄마, 아빠의 아들이다. 어린애가 말썽을 부리지 않는다면 그게 어디 어린아인가. 열심히 개구쟁이처럼 뛰놀고 건강하게 총명하게 자라줬으면 하는 맘 간절하다.

12월 24일

내일 크리스마스다. 그 예수님의 위대하신 탄생이시다. 우리 찬희에게는 또 엄마가 산타할아버지가 되어야겠지. 찬희는 산타할아버지께서 장화에다 과자를 많이 갖다주시길 바라곤 잠이 들었다. 찬희가 스스로 산타할아버지가 안 계시다는 걸 깨달을 때까지는 나는 산타엄마다.

찬희가 원하는 장화에 과자를 듬뿍 담아두었다. 잠이 깨면 무척이나 기뻐하겠지.

12월 25일

이 해도 불과 며칠 남지 않았다. 한편으론 이 해를 보냄이 기쁘고 한편으론 앞으로의 생활이 암담하기만 하다.

그이의 직장을 옮긴 때문으로 수입이 절반이나 줄었으니 어떻게 생활을 해나갈지 걱정이 아닐 수 없다.

그렇다고 돈에 얽매여 평생 그 생활만을 할 수도 없는 일이다. 아무쪼록 절약에 절약을 거듭해서 어떻게 하루하루 보내다 보면 해결되리라 믿는다. 우선 당장 찬희 유아원에도 보내고 싶고 한데 어찌해야 좋을지 모르겠다.

1984년

1월 26일

오늘은 우리 찬희가 4돌을 맞는 날이다. 하는 것 없이 어제부터 분주했다. 엄마로서의 본분을 다 하려고 노력한다.

찬희의 어린 시절을 조금이라도 더 풍요롭고 평화스럽게 간직해 주기 위해 적자인 가계를 쪼개고 엄마의 수고를 투자했다. 찬희의 즐거워하는 표정을 보노라니 나 역시 무척 흐뭇했다.

한편 아빠는 참석하지 못하심이 못내 아쉬웠다. 아빠의 휴일에 맞았으면 참 좋았을 텐데 말이다.

찬희가 아직은 독립된 친구가 없기에 엄마가 친척 누나, 형들을 초대해 줬다. 영주, 윤주, 윤석, 은경, 병철, 현경, 정희 모두들 흥겹게 잘 놀았다.

윷놀이도 하고 찬희 덕분에 엄마도 즐겁게 하루를 잘 보냈다. 다만 감기는 들었지만 말이다. 우리 찬희에게 간절히 바라고 싶은 것은 건강하게 몸도 마음도 건강해서 앞날에 화목한 가정과 나라에 큰 일꾼이 되었으면 하는 맘이다.

세상의 부모님들의 한결같은 소망이겠지만 유난히 욕심이 많은 엄마를 찬희가 잔뜩 채워주었으면 하는 맘이다. 엄마는 거기에 대한 뒷바라지에 온 전심전력을 다 해야 되겠지.

1월 27일

우린 진정 행복한 부부이다. 난 단호하게 말할 수 있다. 그 어느 누구 앞에서라도. 먼저 우리 둘 마음은 오로지 일심이다. 경제적인 면엔 조금 욕심이 없진 않지만 우리보다도 더욱 부족하게 사는 이가 우리의 주변에도 얼마나 많은가.

나는 오늘 KBS 1TV 8. 30 문제남편을 시청하면서 더욱 나의 행복을 발견한다. 그이에게 더욱더 잘해주고 싶고 그이의 직장생활에 안쓰러운 마음이 생긴다.

그이는 이제까지 나의 의견을 무시해온 것이 없다. 조그만 일도 항상 협조하여 이루어지고 있다. 찬과 우리 세 식구 정말 단란하게 살아가고 있다.

우리의 지금의 행복이 영원하길 바란다.

2월 17일

음력 1월 16일. 나의 그이의 생일이다. 마음 같아선 아주 멋진 선물도 해주고 싶건만 요즈음 우리 가계살림이 적자를 면치 못하는 터라 선물은 생략했지만 나의 맘 무척이나 섭섭했다.

무의미하게 보내고 싶지는 않았기에 몇 가지의 음식을 준비해서 두 매형과 누님, 조카들도 저녁을 함께했다. 아침에 식사는 하루의 시작인고로 음주관계로 일과에 지장이 있을까 싶어 저녁 식사로 했다. 조촐한 식사였지만 즐겁게 한때를 보냈다.

생일날이니 그냥 넘어가야겠지만 한마디 해야 했다.

'부정한 외박이 아닌 거라도 처자식까지 있는 한 가정의 가장이 외박을 해서야 되겠는가요. 외박 자체가 부정한 것인 거지요.' 어젯밤 외박 때문이다.

3월 16일

놀랍게도 발전해가는 우리 찬희가 눈물겹도록 대견스럽다. 오늘까지 딱 일주일째 유치원 생활이었지만 눈부신 발전을 가져온 것 같다.

엄마의 치마폭을 떠나려면 많은 시간이 필요하리라 여겼던 엄마의 생각은 착오였다. 대담하게 혼자서 등원하고 하원하는 걸 볼 때 너무도 기특해서 한없이 칭찬해주고 싶다.

모든 것을 하나님의 은혜로 감사하고 싶다. 이토록 빨리 단체 생활에 적응해 나가리라고 생각진 않았다. 하지만 하나님께서 양육해주시는 자녀는 다르다는 걸 새삼 깨닫게 됐다. 이제부터라도 오로지 주 안에서 주님의 주관대로 살리라고 다짐해본다.

잠시뿐인 이 인생살이일지언정 하늘나라의 소망이 있는 한 결코 허무하지 않으리라. 욕심이 장성하여 죄를 낳고 죄의 삯은 사망이다. 현실에 만족하며 항상 감사하며 열심히 살아야지.

3월 17일

왜 그이는 이다지 술의 노예가 되었을까. 도대체 왜 그럴까? 도저히 나의 생각으론 이해할 수가 없다. 무엇 때문에 가정 처자식과의 시간보다 술자리를 더 사랑하는지 알 수가 없다.

혹 무슨 불만이라도? 아니면 단순히 마시는 즐거움일까. 젊음을 뜻없이 음주에만 허비해 버린다면 어떤 미래가 이루어질지 생각해 본 적은 있는지.

항상 말하듯이 하루 24시간 그이의 시간을 송두리째 빼앗아 같이 있는다 해도 부족한 나로서는 진정 불만의 나날이다. 어서 빨리 방탕한 생활을 벗어버리고 주 앞에 돌아와 회개하고 주님의 자녀가 되었으면 하는 맘뿐이다.

4월 8일

진정 행복한 가정 단란한 가정임을 주님께 먼저 감사한다. 항상 한 가정 모두가 그리스도를 모신 가정을 그 얼마나 부러워했던가. 우리도 과연 하나님 보시기에 심히 아름다운 가정, 믿음의 가정이 된 것이다.

우리 그이가 성령님의 인도하심으로 3주째 주님 앞에 나갔다.

이제 진정코 타락하지 않고 주님 오시는 날까지 주님의 사업을 위해 충성하다 주님이 베푸시는 천국잔치에 참석할 수 있는 우리 가족이 될 수 있도록 쉬지 않고 기도에 힘쓰리라.

그이는 오늘 남전도회 창립식에서 서기로 임명을 받았다. 오로지 기쁜 마음으로 주 앞에 충성하는 그이가 되었으면 하는 맘이다.

결단코 인간을 위주로 하는 일이 되지 말게 하옵시며 주님의 그 놀라운 진리를 빨리 깨닫는 그이가 되었으면 한다. 이젠 우리 가정은 오로지 주 안에서 모든 게 형통하기를 또한 모든 일이 주안에서 이루어지기만 빈다.

6월 20일

왜 내가 지금에 와서 이런 글을 써야 하는지!

먼저 주님 앞에 바로 서지 못함이 한없이 죄스럽다. 주님께 기도만으로 위안을 받지 못하는 믿음이기에 또 다시 이 글로 위로를 얻고자 한다.

요즈음 왜 이토록 괴로운 생활을 해야 하는지 한 남자의 방탕한 생활로 인해 오는 가정의 풍파란 진정 상상치도 못했던 나의 괴로움 덩어리이다. 남편만 가정에 충실하다면 근심거리가 있을 리 없다. 마냥 평화스러울 뿐이다.

그러나 가정을 돌아보지도 않고 부인과 자식보다 더 술을 사랑한다면 그 식구들은 어떻게 살까. 부부 간의 대화 시간은 단 몇 분도 없다. 난 진정 이런 생활은 죽어도 하고 싶지 않다.

내가 진정 원하는 건 부부간의 정이다. 솔직히 말해서 나는 이젠 남편이라고 대우해주고 싶지도 않고 말하고 싶지도 않다. 이제까지 밉고 싫고 했던 건 사랑싸움의 애교였는지도 모른다. 하지만 이젠 진정 싫어졌다. 그야말로 정이 떨어졌다.

남편은 나름대로 나에게 무슨 불만과 할 말이 있겠지만 나는 모든 책임을 남편에게 떠넘기고 싶다. 어디까지나 남편의 본분을 다하지 못한 것 같다. 어디 가정이 있는 가장으로서 외박이 허용될 수가 있으며 외도로 인해 불치병까지 앓다니. 진정 나에겐 충격이 아닐 수 없거니와 용납하기 어렵다. 그야말로 괘씸하기 한이 없다.

나는 이 상태가 아닌 어떠한 상황에 처하더라도 얼마든지 살아갈 수 있다. 물론 남편도 마찬가지겠지. 문제는 찬희다.

아무것도 모르고 옆에서 자는 찬의 모습을 보니 더욱 가슴이 미어진다.

10월 20일

오늘 내가 왜 또다시 지난 6월 20일의 마음으로 이 글을 나열해야만 하는지. 보기 싫다고 들어오지 말랬다고 어제 아침에 나가 밤에도 들어오지 않고 있다. 진정 남편은 죄책감도 들지 않나보다.

왜 남자로서 가정을 포용하지 못할까? 내가 일찍이 주님을 모르고 내세의 소망이 없다면 정말 이대로 갈라서고 싶다.

왜 여자는 아니 왜 나는 남자의 방탕을 지켜보아야 하며 기다림의 노예가 되어야 하는지 나의 인생이 진정 가엾다. 하나에서 열까지 모두가 나의 근심걱정거리이다.

찬희의 마음속에 무엇이 자라고 있을까. 무엇이 자리를 많이 차지할까. 그렇지만 자녀 교육은 엄마 혼자하는 게 아니다. 일상생활에서 교육이 실시되는 것이다. 엄마 혼자로서 이루어지는 것이 아니라 아빠의 협조와 사랑이 필요하다.

그런데 찬희아빠는 왜 그런지 도대체 알 길이 없는 나는 한없이 원망스러울 뿐이다. 다시는 이런 글을 안 쓰게 되길 바라는 마음이다.

1985년

6월 2일

주님께 드립니다.

주님! 이 시간 주님께 달려가서 그 발밑에 엎드려 나의 모든 애타는 심정을 호소하고 싶습니다.

주님! 지금 이 시간 저는 한없이 마음이 탑니다. 나의 사랑하는 남편이자 주님의 사랑하는 아들이 지금 이 시각 어디서 무얼 합니까? 이 부족하고 미련한 것은 혼자서 애가 탑니다. 오늘 주일 오후 3시경에 집을 목적 없이 나가 지금 시각 11시 25분인데도 귀가하지 않고 이토록 가정을 등한시합니다.

주님! 어떻게 해야 좋습니까? 제가 먼저 주님께 매달려 기도하지 못함도 주님께 죄가 되겠지요. 저는 진정 그 심령이 주님께 온전히 돌아오길 바랍니다.

주님! 제가 이렇게 마음고생을 한 지도 벌써 1년 6개월이 됩니다. 저를 불쌍히 여기소서. 주님의 자녀가 아니었다면 지금까지 참지 못했을지도 모릅니다. 더욱 참을 수 있는 믿음 인내할 수 있는 믿음으로 주 안에서 승리하기 바랍니다.

주님! 저를 어떠한 그릇으로 쓰시기 원하십니까? 저는 주님의 뜻을 모릅니다. 저는 전심전력으로 주님께 부르짖지 못합니다. 저의 연약함을 불쌍히 여기소서. 행여나 제가 주님께 회개하지 못한 것 있습니까? 깨달아 알게 하옵소서. 어젯밤에는 그이가 꿈을 꾸었다고 합니다. 주님께서 꿈으로 역사하시지만 그 심령이 깨닫지 못할까 두렵사오니 깨달아 알게 하옵소서.

주님께 할 말이 너무나 많습니다. 모든 걸 다 기억하옵소서.

12월 30일

눈물이 펑펑 쏟아진다. 한없이 밀려오는 슬픔, 걷잡을 길 없는 허탈감, 허무하고 불안하고 슬프고 외롭고 짜증스러워 집에 있고 싶지 않다.

이제까지의 나의 인생이 이 슬픔을 위해 살아온 것인가! 나에게 남은 건 눈물, 흉터, 병. 지나온 발자국마다 고생, 괴로움이다. 남편인들 이 마음 조금이라도 이해하나. 형제라고 이해하나. 부모라고 이해하나. 이젠 부모형제보다 남편이 이해해주길 더 바라지만 오히려 내 마음에 슬픔만 더해주는 남편이 어찌 나의 인생에 동반자가 되랴. 지금이라도 나의 갈 길이 어딘지. 과연 이 슬픔의 길만이 나의 길인지. 이 가정이란 테두리를 벗어나 자유롭게 방황하며 살고 싶다. 그러나 나로 인해 희생되는 찬희 때문에….

지금 시각 1시 52분.

모든 인생이 편안한 보금자리에서 행복에 단잠에 만끽하고 있는 시간임에도 불구하고 나는 지금 이토록 슬픔에 젖어 있어야 하는가. 미련하고 어리석기 짝이 없는 여인, 불쌍한 여인, 한없이 흐느끼며 울고 있건만 그 어느 누구도 위로하는 이 없는 슬픈 현실.

1986년

3월 5일

왠지 마음이 뭉클함을 느낀다. 어느새 학부형이다. 오늘은 찬희의 입학식 날, 즐겁고 대견스러워야 할 엄마가 이렇게 뭉클하고 떨림은 어쩐 일일까.

아마도 아빠 엄마 노릇 제대로 하지 못함이 마음에 거슬림이 아닐까 싶다.

찬희의 마음속에 자리 잡은 슬펐던 지난날 어떻게 해야 지워줄 수 있을까. 찬희가 잊어버렸으면 얼마나 좋겠느냐마는 그렇지 못하다. 똑똑히 기억하며 얘기한다. 그렇다면 아빠가 그걸 절실히 깨닫고 앞으로나 그런 상처를 주지 말아야 할 텐데 그이의 마음을 내가 알 수 없으니!

4월 25일

왜 괴로웠던 과거들이 이 순간 나를 다시금 슬프게 하는가!

서로 아끼며 사랑해야할 부부건만 서로를 속이며 필경에는 나의 육체의 고통으로까지 끌고 왔다는 걸 생각하면 그 순간순간들이 더욱 미움을 자아내게 한다. 잊으려 발버둥을 쳐도 잊히지 않고 내 마음에서 지워버리려 애를 쓰건만 지워지지 않아 슬픔의 도가니로 더욱더 나를 끌어넣는다.

인생의 행복이란 단순히 인간의 노력만 가지고는 되지 않는 법인가 싶다. 주님의 예정 안에서 나에게 주신 그 복이 이만큼 슬프고 괴롭고 거친 것인가. 참고 노력했지만 모든 환경이 내게 행복을 허락하지 않는구나.

왜 이토록 나약할까. 과거로 인해 이토록 슬퍼해야하며 이토록 눈물을 흘려야 하다니. 지금 힘 있게 소망을 가지고 살아가야할 시기에서 이토록 좌절하며 영육간의 고통 속에서 번민하며 사는 이유는 무엇일까.

좋은 것 못 입고 못 먹고 가엾게 사는 것도 나에게는 불행인데 여기에서 정신적인 부담까지 느껴야 하는 내 자신 이젠 더 이상 전과 같은 사랑이 솟을 길을 막았나 싶다.

이제까지 내 자신이 느끼지 못했던 병이 발각됐다. 그토록 입으로만 허위적으로 지껄였던 미움과 분노가 이젠 그게 아님을 깨달았다. 그대의 살갗이 나에게 접근해 올 때마다 미운 마음이 사라지고 다시금 사랑이 솟았는데 이젠 그게 아님을 깨달았다. 내 피부로 느꼈다. 그대의 살갗이 접근해옴에 징그러움을 느꼈다. 나의 사랑이 이젠 그동안의 많은 괴롬과 슬픔과 고통 속에서 아예 솟을 수 없는 사막이 되고야 말았나 싶다. 이렇다면 나 자신도 무언가 실오라기 같은 행복이라도 찾아 헤매고 싶어진다. 마냥 말이다. 그러나 나에겐 주님께서 주신 게 있다. 바로 책임을 져야할 우리 찬희. 바로 찬희 때문에 더욱 괴롭고 슬프다. 행복을 찾으려 노력도 했다.

그러나 모든 게 더욱이 부부생활 즉 가정생활이란 서로가 노력하지 않으면 불가능함을 알았다. 그렇다면 앞으로의 내 인생은 어떻게 될지. 결코 나의 자존심과 나의 능력 나의 성격 이것으로 더욱 불행해지고 더욱 행복해진다는 보장만큼은 없다. 그렇지만 이 상황에서는 회피하고픈 마음뿐이나 남편으로부터 배신감을 느낀 나의 자존심은 이루 말할 수 없이 상했다. 서로를 속이며 나 아닌 다른 이성에게 사랑을 나눠 갖는 그런 아픔을 더 이상 추구하고 싶지 않다.

정말 나는 외롭다. 내 마음을 숨김없이 다 줄 수 있는 사람은 이 세상의 단 하나도 없다. 부모도 형제도 친구도 남편도 자식도 오로지 나 자신 뿐이리라.

원래 꿈이 많고 원래 비밀이 많았던 나의 추억들 이 모든 게 내 마음을 더욱 들뜨게 하고 있다. 그래도 이 순간은 많이 마음이 편해지고 슬픔이 줄었다. 아예 모든 걸 포기상태가 돼버렸기 때문이다. 남편도 내 장래도 말이다. 이젠 사랑이 떠나니까 어느 누구에게도 줄 수 있는 남편이 돼 버렸다.

그러나 어느 누구에게도 줄 수 없는 나의 찬희. 진정 찬희의 마음에 만큼은 이 슬픔과 괴로움을 주지 않으려 하지만…. 이 순간에도 문을 박차고 나가고 싶은 충동을 느낀다.

그러나 우리 찬희의 학교도 그렇고 그 마음의 상처를 생각하니 억제할 수밖에 없다.

초라한 내 모습이 비마저 오니 더욱 내 마음 초라해져 사람들이 나만 쳐다보는 것 같다. 즐거웠던 추억들이 올 수만 있다면…. 추억 또한 다 제 갈 길로 가버리고 없는데 어이 찾으란 말인가. 또 찾은들 무얼 하리.

12월 27일

내 마음의 깊고도 깊은 사랑이여!

"욕심이 잉태한즉 죄를 낳고 죄가 장성한즉 사망을 낳느니라."

몇 번인가 생각한다. 한없이 미안한 마음. 떠나는 것이 더 큰 아픔을 준다면 아니 되리라.

모든 게 나의 미성숙한 인격과 판단에서의 차이였다면 부끄러움만이 그지없다. 정말 미안하다고….

나에게 꼭이나 필요한 사랑이여! 그러나 바다만이 있는 게 아니다. 산도 있다. 그럼 내 마음엔 바다를 갈 수 있는 엔젤호가 있고 산을 넘을 수 있는 날개가 또한 있다.

물론 넘노라면 힘과 인내가 필요하겠지만….

12월 29일

하나님께 자신 있게 말씀드리고 싶은 심정. 오늘은 하나님께 기쁨을 드렸노라고. 내 자신과의 싸움에 승리함이다. 하루하루가 승리의 삶으로 전개된다면 또다시 미성숙함에서 온 부끄럼은 보이지 않겠지? 정말 정말 많이 많이 부끄러웠다.

승리란 결코 쉬운 것은 아니다. 그렇다고 어려운 것만도 절대 아니다. 내 마음 한없이 날개를 편다. 마음 걷잡을 수 없으리만큼. 차라리 파문에 아주 우둔한 자신이길 바란다. 그러나 그 예민함을 부인할 수 없는 나 자신이기에 노력의 눈물이, 아쉬움의 눈물이 내 마음에 슬픔으로 찾아온다.

12월 30일

한없이 흐느끼며 울고만 싶다.

욕심이 내 마음을 정복한다면 나는 단 하루도 기쁘게 살 수 없으리라. 슬픔에 노예가 된 이 심정이라면 차라리 모든 걸 망각해 버리고 하나님 곁으로 가고 싶은 마음뿐이다.

지금 시각 새벽 2시 20분. 왜 자꾸만 슬퍼질까. 물론 이유야 있겠지. 내 자신을 다스리지 못하는 자신이 심히 불쌍하고 애처롭다. 또한 엄마를 그리며 홀로 잠들 찬희가 불쌍하다. 이 세상의 어느 누가 내 마음을 알 수 있으랴.

1987년

1월 2일

일흔 번씩 일곱 번이라도 용서 하라신 주님의 말씀이 나로 하여금 생각할 수 있는 시간을 가지게 한다.

아내이기 때문에 용서하라면 할 수도 없다. 그러나 주님의 딸이기에 주님의 말씀이 두렵고 주님을 닮고 싶고 주님께 사랑하는 딸이 되고 주님의 딸은 세상 사람과 다름을 보여주고 싶지만 내 마음이 용납되지 않는다.

용서할 수 없는 모든 조건과 환경들이 나를 괴롭게 하지만 더욱더 큰 문제라면 내 마음이 문제이다. 이토록이나 돌아선 마음을 어떻게 돌이킬 수 있을까.

1월 3일

내 마음 무척이나 피곤하다. 사랑이란 아픔이라고 누군가 말했듯이 정말 아프다. 맘껏 가질 수도 맘껏 줄 수도 없는 사랑이기에 뭍사람들이 추구하는 사랑의 아픔보다 더욱 크리라. 좋지 못한 공기 탓으로 내 마음 더욱 피곤함을 느낀다.

항상 그리움의 노예로서도 부담스런 마음인데…. 그 공기에 맘 상하지나 않았는지 염려스럽다. 내 연약한 자신을 이기는 만큼 잘 이기리라 믿기에 조금은 안심을 한다. 실오라기 같은 희망마저 버린다.

1월 4일

오늘 한나가 많은 괴로움을 이길 수 있었던 경유를 말씀을 통해 배웠다. 내겐 기도만 하게 되면 될 터인데 기도도 하지 못하고 그저 그리움의 노예만 되어버린다.

내가 왜 이럴까! 내 마음 걷잡을 수 없으리만큼 힘들다. 정말 왜 이럴까! 이럼 안 되는데!

참다못해 내 마음 괴로워진다. 노력하지만 더욱 괴로워진다.

2월 16일

내 마음이 이대로가 연속된다면 과연 우리 하나님께서 기뻐하실는지? 정말 하나님께 부끄럽고 죄송한 마음뿐이다. 내가 이제까지 주님을 믿는 자녀로서 주님을 기리는 신부로서 정말 너무나 인본주의적인 삶을 영위함에 있어 정말 부끄러웠다. 내 생활과 나의 마음이 이대로가 연속된다면 결코 하나님께서 기뻐하시지 않으리라.

인본주의적 행동은 마지막의 구원문제에서도 심각한 문제가 아닐까 싶다. 가인의 자손들처럼 행동하는 것은 아닌지. 지식으로 알려고 했고 머리로 믿으려 했던 나의 어리석음은. 내 마음을 여기에서 자제시키지 못하고 더욱더 육신에 노예가 된다면 더 큰 비참을 가져오게 되며 내세소망까지도 져버릴 수 있다.

내가 이런 생활을 계속해서는 안 된다. 하나님께서는 털끝만치의 죄도 용서치 않으시는 무서운 분이시다. 육신의 쾌락과 육신의 안락함만을 위해 주님의 모든 걸 저버릴 수는 없지 않는가. 내가 더욱 나의 자신을 돌이켜보며 이제부터는 모든 나의 삶을 주님의 영광을 위해 맡기겠다고 다짐한다.

내 가정 내 자녀 부모형제의 구원문제도 모든 것이 나의 사명임에도 불구하고 감당하지 못했다.

앞으로는 주님 보시기에 부끄럼이 없는 삶이요, 영광스런 삶을 살아야겠노라. 주님! 그렇다면 연약하고 미련한 것 붙드시고 인도하시고 주장하셔서 주님의 뜻을 이루소서.

3월 2일

주님! 정말 제가 어떻게 살기를 원하십니까? 저의 육신의 생각을 온전히 저버리고 오직 주님의 말씀에 거하겠노라 다짐하지만 자꾸만 나의 마음이 움직입니다. 순간순간 엄습해오는 사탄의 속삭임. 주님의 말씀과 주님의 역사하심을 온전히 믿지 못하게 나를 괴롭힙니다.

'그래 모든 게 주님의 사랑이야.' '아니야. 어떻게 노력하면 돼.' 항상 내 마음에서는 사탄과의 싸움이 일어나고 있습니다.

주님! 오늘따라 내 마음이 생각의 생각을 하게 됩니다. 모든 걸 정리하고 싶은 마음과 이대로의 생활을 침묵으로 연속시킨다면 어떠한 결과가 있을까 하는 마음이 저를 괴롭게 합니다.

세상 사람을 바라보는 것이 주님께 물론 합당치 못하겠지만 그렇다고 육신의 생활을 완전히 무시할 수도 없지 않은가요.

주님! 인도하소서.

이전에 모든 걸 용서받기 원하고 주님의 도우심을 온전히 받기 원하오니 주님께 영광되고 이 세상의 모든 이들에게 덕을 줄 수 있는 환경과 인물로 인도하소서.

4월 5일

주님! 내 마음 어찌해야 주님의 말씀에, 뜻에 합당한 생활할 수 있을까요? 지금의 내 마음 심히 괴롭습니다. 주님의 길을 따르는 길은 곧 십자가의 길이요, 고통의 길이요, 나아가 승리 후엔 영광의 길임을 잘 알고 있습니다.

승리의 순간까지는 이 많은 인적장애로 인해 이 많은 괴로움을 극복해야 되겠지요. 정말 '가시밭의 백합화'를 다시금 생각합니다.

정말 그럴 수가 있을까요. 내가 개입되었다고 해서 그럴 수가 있을까요. 정말 섭섭한 이 마음 주님께 호소합니다. 정말 주님 나의 평강 나의 기쁨 나의 소망 오직 주님뿐입니다.

7월 25일

살아온 나날들이 나를 슬프게 하는구나. 이제까지 무엇을 위해 살았는지? 시골에서의 고생도 괴로움도 모든 것이 보람으로 쌓이지 않고 이토록이나 큰 슬픔과 아픔으로 나에게 지불하고 마는구나.

그렇다면 나는 그동안 무엇을 위해 살았을까! 인생의 원점으로 돌아갈 수도 없는 것. 꿈에도 상상하지 못했던 이 엄청난 나의 인생행로. 어찌해야할까. 이러지도 저러지도….

찬희는 단 하루도 엄마와 떨어져 있지 않겠단다. 마구 울고만 싶다. 운다고 해결은 나지 않겠지만 어찌해야 좋을지.

주님께 말씀드리러 가야겠다.

9월 21일

한나! 정신 차려! 그래 이젠 내 자신을 발견해야 된다. 먼저 Q의 딸의 신분을…. 이 상태로 자꾸만 빠져 들어간다면 나 자신이 불행해짐을 느낀다.

좀 더 성숙된 인격체가 되길 바라며 노력해야지. 기도의 동역자이길 바란다. 더 이상의 것도 그 이하의 것도 아닌 기도의 동역자이길 말이다. 그 이상의 것이라면 욕심이 나를 정복하려하고 그 이하의 것이라면 벗어나고 싶은 충동이기에 싫다.

오늘도 내 자신을 부인하며 주님께 매달려 기도하고픈 마음 간절하다. 나 자신을 발견할 수 있는 내가 되었으면 하는 맘이다.

10월

그 누가 나를 사랑한대도 그 얼마나 믿을 수 있을까. 온전히 믿는 것도 어리석임이요. 믿지 않음도 어리석음이리라.

주님! 저 자신을 발견하며 오직 주님을 위해 나의 모든 걸 아끼지 않고 바치며 살고 싶어요.

그런데 저에게는 그런 믿음이 없으매 심히 안타깝습니다.

주님! 어느 사람을 사랑한다는 것은 순간에 지나지 않는 것 같아요. 헤어지는 순간부터 이토록이나 큰 허전함을 느껴요.

그런데 우리 주님을 이토록 사랑한다면 허전하지 않을 것이에요. 헤어지지 않으니까요. 항상 함께 변치 않고 있으니까요.

12월

어쩜 나는 집시가 아닌가 싶다. 진정 돌아갈 곳 없어 방황하며 떠도는 집시 말이다. 모든 사람들은 어디론지 돌아가고 싶어하고 자기의 보금자리를 찾아가건만 다만 돌아갈 곳 없는 이 마음 한없이 서글퍼진다.

1988년

2월

내 자신을 찾자. 더 불행해지기 전에, 결국에는 내 자신만 망치는 격인 것 같다.

누군가를 불행하게도 또한 내 자신이 불행해지고 싶지도 않다. 잊을 수만 있다면…. 너무도 괴롭다.

왜 날이 날마다 불가능한 욕심을 갈망하며 이토록이나 괴로워하는지. 그리움의 노예가 되어버린 자신이 한없이 원망스럽다. 또한 나의 마음을 아는 건지. 아니면 모르는 건지.

어디선지 맘껏 불태워버리고 싶은 욕망이지만 나 자신 스스로를 꾸짖어본다. 이대로 더욱 나약해져서는 안 되겠지. 나의 과제인 찬희가 옆에서 쌔근쌔근이기에….

4월 21일

오늘따라 유난히도 그립고 보고 싶다. 왜 이다지 보고 싶을까? 마구 소리 내어 울고 싶으리 만큼이나 보고 싶다.

만날 수 없다면 통화라도 하고 싶어 전화기로 손이 자꾸자꾸 가지만 참아야만 하는 나이기에 더욱 그리움이 커진다.

빨리 세수하고 명상의 시간을 가져야지. 이 그리움을 이 보고픔을 글로 나열하자. 마음먹고 세수하는데 나의 마음을 어찌도 아는지 전화가 온 게 아닌가! 너무도 반가웠다. 눈물이 났다.

5월

황홀했던 나날이었다.

많은 날도 아니지만 그리 짧은 순간들은 결코 아니다. 나에게 낯선 산하이지만 항상 동경하던 산하이므로 더욱 황홀했는지 모른다. 또한 곁에 있는 이로 하여금….

싱그러움을 더해주는 산. 영원히 머물고픈 계곡의 물. 나의 모든 걸 다 바쳐 사랑하고픈 그대. 이 모든 게 곁에 있는 이 순간 무얼 더 이상 바랄 수 있겠는가!

진정 나에게도 이런 평화롭고 잊어버리고 싶지 않은 이 날을 허락받을 수 있었을까. 정말 감사하고 영원히 이 감정을 추억으로 간직하고 싶다.

언제까지도 단풍잎이 아닌 사랑을 확인하면서 더욱 돈독한 사랑으로 말이다. 영원히 마음만은 변치 않는 사랑이어라.

6월 4일

왜 우리의 사랑이 이다지 깊어갈까. 아직 소녀 소년도 아닌데 말이다. 마구 울고 싶도록 그립다.

우리의 위치를 망각해서는 안 되겠지? 어찌 우리가 그립다고 보고 싶다고 맘대로 다할 수 있으랴. 다만 우리 하나님의 긍휼하심을 구할 뿐이지. 우리의 이 사랑이 단순히 우리의 애정관으로만 지속되기를 원치 않는다. 오직 주님의 복음사업에 동참하는 동역자로서 곁에 있는 사람이 되고픈 욕심이다.

이 밤도 우리의 사랑이 하나님의 뜻에 합당한 사랑 하나님의 영광을 나타내는 사랑이 되기를 원하는 이 마음을 주님께 호소했다. 진정 하나님의 뜻이라면 돌이킬 수 있는 고난도 희생할 수 있는 각오도 가져야 하겠지.

하나님께서 나에게 선택권을 주신다면 희생하더라도 그 사랑을 택하겠다.

늦은 밤이다. 통화라도 할 수 있다면 좋으련만. 그럴 수도 없고 마음만 그리움만 더해간다.

6월 10일

노오란 색은 자기, 파아란 색은 나.

그런데 나를 슬프게 하잖아. 다정한 모습만을 보여주며 즐거움을 더해 줬으면 하는 마음인데 서로 도망다니는 것을 보면 너무도 미워진다.

왜 우리처럼 사랑하지 못할까. 혹시 저 새들은 사랑을 모르는 것은 아닐까. 아니야. 처음 만난 상대이기 때문일 거야. 내가 좀 참고 인내하며 기다리면 친하게 지낼 수 있을 거야.

빨리 나에게 다정한 모습만을 보여다오. 너희를 봄으로서 나의 마음이 황홀해지도록 말이야.

6월 26일

나의 생각이 한없이 어리석은 생각일까? 욕심을 마음에 잉태하며 살고 있는 나 자신이. 그러나 이 시점에서 어찌할 바를 모르겠다. 온전히 떠날 수도 그렇다고 이대로 머물 수도 없는 나의 마음이다.

요즈음 들어 정신적으로 육체적으로 많은 피로를 느낀다. 현실의 고통을 벗기 위해 다른 길을 택할까 하여 생각해 보면 나의 그리움은 더욱 커짐을 느낀다. 도저히 떠나 살 수 없을 것 같은 것 말이다.

나에게 별도리는 없다. 오직 Q의 뜻에 합한 자로 살기 위해 주님께 매달려 기도해보는 것밖에는 떠나라면 울며라도 떠나야 하고 기다리라면 울며라도 인내하는 수밖에.

7월 25일

도저히 이 밤을 이대로 잠을 청할 수 없어 나의 마음은 그대 곁으로 나래를 한없이 펼친다.

진정 설움에 겹도록 그립군요. 왜 이다지 그리워하는 그리움의 노예로 살아야 하는지요. 지금 시간은 모든 이들이 잠이 든 시간이고 전깃불마저 고장이나 감상어린 촛불 아래서 몇 자의 글로 나의 마음을 전하고 있습니다.

난 그대가 있으매 진정 행복합니다. 그대 또한 내가 있으매 행복하리라 믿어요. 때로는 본이 아니게 나의 마음에 상처로 올 때도 없진 않아요. 물론 내가 그대 마음을 송두리째 모르는 만큼이 무척이나 야속하겠지요.

내 마음 스스로 확인해보았습니다. 내가 그대를 얼마만큼 사랑하는가를…. 진정 속일 수 없는 사랑이더군요.

좀 아쉬운 점이 있다면 완숙하지 못한 차원의 사랑임에 마음이 걸립니다. 그러나 노력에 노력을 거듭할게요. 그저 에로스적인 사랑이 아닌 아가페적인 사랑을 위해 말이에요.

나는 그대에게 항상 듣고 싶은 말이 있다면 '오직 그대를 죽도록 사랑하오. 그대가 사랑하는 것 이상으로 말이오.'라고 속삭여 주시길 바랍니다.

님이여! 그대에게 보내기는 자신이 없어 내 마음에 남기고자 이 글을 씁니다.

10월 17일

'재회하고 싶다.'

나의 말이 아니다. 나는 다만 예전부터 예측했을 뿐이다. 그러나 그 예측이 드디어 나의 귓가에 메아리로 울리고 말았다.

재회하는데 있어서는 내가 많은 비중을 한다지. 그래 아무리 많은 비중을 차지하고 있다 해도 원한다면 기꺼이 울면서라도 내 자신을 이길 수밖에 없잖은가. 나 역시 많은 시간의 흐름 속에서 많은 생각도 했던 일이라 그다지 충격적이진 않지만 기쁘지도 않다.

또한 스스로 떠나려고 노력도 했지만 한편 배은망덕한 사람이 되지나 않나 하는 생각도 있고 내 마음이 사랑의 여운으로 지울 수 없었기에 오늘의 연속이었는지 모른다.

이젠 그 말을 나에게 선언한 이상 홀가분하게 더 높은 창공을 향해 달리련다. 나의 행복을 위해서 말이다. 조금은 염려가 된다. 자신의 성공을 위해서 승리를 위해서 재회하고픈 생각이 많겠지만 그 생각대로 쉽사리 이루어지기에 좀 어렵지 않을까 싶다. 나는 다만 외쳐야 한다. 외치고 싶다.

어느 시인이 말하는 사랑하기에 행복했노라고 나는 진정 행복했다. 사랑했기에…. 나 자신을 정립하자. 모든 걸 다 상처를 주지도 말고 상처를 받지도 말고 조용히 침묵 속에 떠나자. 그보다도 더 넓은 사랑의 세계로.

ひらかたパーク 来園記念
平成 8 年11月20日

1989년

4월 16일

그동안 많은 침묵 속에 살았지만 오늘은 진정 침묵을 깨어버리고 싶다. 이 글을 나열하고 있는 이 순간 내 마음 내 인생에 심각성을 표현한다.

지상에서 내 인생이 이대로 끝나버린다면 너무도 허무하고 너무도 가련하고 너무도 애처롭고 너무도 불행하다. 자꾸만 서글퍼진다.

내게 주어진 과제 우리 찬희를 생각할 때마다 너무도 불쌍해서 눈시울이 저절로 따가워진다. 어느 인간을 사랑하고 믿는다는 것이 이토록이나 크나큰 고통으로 남아야 되는 것이었을까.

이젠 어느 한 인간을 만난다는 말 자체가 두렵다. 더욱이 예수를 모르는 자들은 더욱 그러하리라. 주님으로 만족할 수 있는 나이기를….

5월 17일

너무도 총명하고 귀엽고 극히 여자인 안나가 떠났다. 물론 예측은 했던 것이나 덧없이 슬펐다. 영안실로 들어선 순간 나의 시야에 들어오는 안나의 부모님 모습은 처량하기 그지없었다.

안나의 영전 앞에 두 마리의 비둘기가 고개를 떨어트리고 앉아 있는 모습은 나의 마음을 찡하게 했다. 그 모습이 생각하면 생각할수록 슬픔의 도가니로 나를 끌어넣었다.

만약에 나의 입장에서 이런 일을 당했다면 혼자 앉아 있어야 되지 않을까 생각하니 또 슬펐다. 나는 진정 나의 설움에 겨워 너무도 많이 울었다.

착잡한 마음으로 집에 돌아와 찬희에게 전화를 했다. 찬희에게 있어서의 변한 음성 또한 말의 어조를 느낄 수가 있다.

"네. 엄마세요?"

첫마디에 존칭의 요자를 붙이는 것이다. 그런 말을 듣는 나의 마음은 그다지 기쁘지 않았다. 진정 거리감이 들었다. 엄마와 떨어져 있기에 엄마와 멀어져가고 있는 것은 아닌지 말이다.

그러나 한편으로는 이런 생각도 해볼 수는 있다. 할머니, 할아버지와 함께 생활하다보니 언어행동에서도 그렇게 습관이 되었나 하는 것이다. 내가 바라는 것은 후자이길 바란다.

진정 나의 마음은 찬희를 위해 좀 더 잘 먹이고 좀 더 자유롭게 좀 더 편안하게 해주고 싶어서 몸이 떨어져 있는 것뿐인데 찬희가 이 엄마의 마음을 아랑곳없이 마음까지 멀어져버린다면 슬픈 일이 아닐 수 없다.

오늘도 하나님께 빈다. 우리 찬희와 함께 살 수 있는 환경으로 변화시켜 달라고 말이다.

5월 19일

친구 명화에게 너무도 미안하고 고마웠다. 아무리 유년의 친구라 해도 이런 정을 베풀 수 있을까. 명화로부터 대접을 받고 집에 오면서도 못내 그 마음이 떠나질 않았다.

요즈음 같이 각박한 세대에 살고 있는 우리로서 이런 대접을 할 수 있는 마음의 풍요로움을 가진 명화가 한없이 부러웠다. 또한 우리가 이토록 정담을 나눌 수 있는 것도 명화에게 하나님의 사랑이 항상 흐르고 있기 때문이다.

물론 원래 착했고 인정이 있다지만 그 마음에 하나님이 거하시기에 더욱 돋보일 수밖에 없다.

명화와 우리는 고기를 먹었다. 그런데 명화는 상추를 싸서 나의 입에 먹여주고 더욱 고기를 많이 먹게 하려고 애를 썼다. 정말 고마웠다.

명화는 혼자 있는 나에게 있어 더욱 다정한 친구가 되어주고 싶은 것이다. 그 마음을 내가 알고 남음이 있다. 진정 우리는 친구를 떠나서 하나님의 은혜 안에서도 더욱 돈독해지는 우정이

길 바라고 서로 노력하여 하나님 나라 가는 날까지 서로 돕고 서로 사랑하는 우정이길 빈다.

5월 24일

왠지 오늘따라 혼자란 게 싫다. 누구인가와 마냥 거닐고픈 마음뿐이다. 이성이 아닌 동성과라도 무관하다. 차라리 찬희가 옆에 있다면 더욱 나으련만.

'주님! 왜 제가 이렇게 살아야 하는가요. 저도 진정 아무것도 모르겠어요. 마냥 바보처럼 꿈속에나 헤매고픈 마음입니다. 나의 곁에는 그 아무도 없잖아요.'

6월 7일

누구인가의 전화를 기다리는 마음이다. 이 시간에 나에게 전화해줄 이 누구일까? 전화를 기다리는 까닭은 무엇 때문일까? 외로움 때문이 아니라고 부인할 수도 없는 나 자신이지. 이럴 때 그 누구인가를 원망도 해 보고 싶다. 그러나 모든 게 부질없는 생각이리라.

마냥 달리고 싶다. 포용력 있는 누군가의 곁에 앉아 마구 조잘거리며 말이다. 모든 생각까지도 억제하며 잠이나 청해야지. 소망의 꿈나라로 희망을 안고서….가자. 가자. 희망의 그 나라로.

6월 17일

어느 인간을 사랑한다는 것이 너무도 어리석다는 것을 잘 알고 있으면서도 내 마음 가눌 수 없어 또다시 울 수밖에 없는 길을 스스로 자초해 보았지.

한 사람 한 사람을 통해 오는 상처를 받을 때마다 누구인가를 한없이 원망하고픈 마음이다. 물론 원망을 하는 자체도 이루어질 수 없는 사랑을 하는 자체도 모두가 부질없는 생각임도 잘 알고 있다.

허물어져가는 나 자신을 발견한다 해도 나 스스로를 세우기에는 너무도 벅찬 인생이다.

누군가가 말했지! 인생은 환경의 지배를 받고 산다고. 그래 어쩜 그 말이 나에게도 적용되는 말일지도 모르지. 지극히 평범한 여자이길 바랐고 또한 평범한 여자로 살았던 나였기에 그 시절에는 이런 나 자신을 발견치 못했는데 환경의 변화따라 나의 내면이 두드러지게 노출됨을 발견한다.

진정 나는 이런 자유를 원치 않았다. 그러나 타의에 의해 이런 자유가 나에게 부여됨에 따라 그 자유가 나로 하여금 나의 자신을 잃게 한다.

나는 진정 이런 자유는 싫다. 어느 사랑하는 한 남자에게 맘껏 구속당하고 싶다. 맘껏 그대에게 조잘거리고, 맘껏 부비며 만지고 싶다. 맘껏 함께 거닐고 싶다.

7월 27일

동구 밖에 내리고 있는 보슬비는 마치 슬픈 여인의 마음을 적셔나 주는 듯하다. 차라리 보슬비가 아닌 소낙비라면 마음의 시원함을 느낄 수 있을 텐데. 오늘은 친구 규옥이 왕보세 오픈관계로 규옥이 집에서 밤을 맞고 있기에 친구도 옆에 있건만 왠지 마음 한구석에는 무언가를 향해 던지고 싶다.

규옥이에게 가곡테이프를 부탁했다. 백남옥의 '그리움'이 흘러나왔다. 더욱 누구인가가 보고파진다. 그러나 맘껏 사랑할 수 없는 이기에 억제해야하는 마음의 고통은 클 수밖에…. 사랑할 수 있는 이가 있다면 얼마나 행복할까? 진정 나의 모든 걸 다 사랑해 줄 수 있는 이가 있다면….

어느 시인이 말했듯이 그리움은 고귀한 것이고 기다림은 아름다운 것이라지. 그래 마냥 그리워하며 마냥 기다리며 열심히 살아야지. 맘껏 사랑할 수 있는 그대가 나타나는 그날까지….

10월 2일

왜 많은 갈등을 겪으면서 살아야 하는지 나 자신 너무도 안타깝다.

현실의 삶속에서 어느 누구를 원망하는 것보다도 먼저 무능력한 자신이 한없이 원망스럽다. 인생의 계획과 인간의 생각이 덧없이 어리석다는 걸 이미 하나님의 말씀을 통해 알고 있지만 믿으려하지 않았던 자신이 아니었던가. 하나님의 방법은 좀 더디다는 생각으로 나의 조급한 마음대로 처신할 때가 얼마나 많았던가.

내 나름으로는 뛴다고 뛰었지만 돌아보니 제자리걸음인 걸….

11월 22일

어느 때보다 조금 이른 시간에 일을 다 마쳤다. 내 마음 왠지 모르게 쓸쓸하고 외로운 마음이다.

내 마음과 생각이 잘못된 것일까? 생각해 본다. 왜 외로워하고 쓸쓸함을 느끼는지 내 자신에게만이 문제가 있어서만이 이러한 현상이 일어나는 건지 아니면 환경의 지배를 받아 일어나는 현상들인지 말이다.

모든 인간들은 자기를 방어하기 위해 돌파구를 찾는 게 본능이리라. 나 역시 그중에 속해 있는 평범한 인간에 불과한 것일까? 그렇다면 안 되겠지! 나는 분명히 하나님의 사랑을 따라 하나님의 자녀가 됨으로 모든 환경도 초월하며 기쁘게만 살 수 있는 권세 받은 자인데 나 자신에게 문제가 있는 거겠지.

그간 얼마나 방황하는 삶이었던가. 하나님께는 물론이고 많은 인간들에게 얼마나 큰 위선자였던가? 나에게는 큰 과제가 있다. 우리 찬희가 있기에 이대로 살면 더욱 안 된다. 날마다 허송세월 속에서 자신만 망가트려짐을 느낄 때마다 아쉬움이 더해진다.

이럴수록 하나님께 매달리며 예수님을 사랑해야지 다짐해본다.

12월 3일

오늘도 찬희와 통화를 했다. 울음이 섞인 찬희의 목소리였다.

정말 나는 엄마로서의 자격을 상실한 것일까? 찬희를 사랑하노라고 항상 말하지만 진정 찬희가 원하는 걸 이루어주지 못하면서 어찌 사랑한다고 말할 수 있을까.

찬희는 항상 빨리 엄마와 함께 생활하기를 원하고 있다. 찬희 말에 의하면 엄마가 나를 사랑한다는 것은 거짓말에 불과하단다. 사랑한다면 함께 살 텐데 사랑하지 않기에 떨어져 살고 있다지. 찬희의 그 말도 일리가 있다. 사랑을 하면서도 한편으로는 망설임을 안고 있기에 말이다.

주님! 이대로 삶을 더 이상 허락지 마시고 변화된 삶을 통해 행복함을 영위케 하시고 주께 충성을 통해 영광 되는 삶을 주시옵소서. 시간의 구애에서 오는 불충성. 경제적인 압박에서 오는 부담스러움. 날마다 찬희를 그려보는 그리움. 누구에게인가 천진스럽게 어리광도 부려 보고픈 순간순간 이 모든 것들이 내 마음을 괴로움의 도가니로 몰아넣습니다.

주님! 긍휼히 여기시고 도우소서.

12월 7일

나의 손목을 보아다오. 너무나도 아름답고 고귀한 것이 사랑으로 매여 있으매 말이다. 이 세계는 이 세상의 어느 누구의 것보다도 아름답고 귀할 거야. 그대와 나의 사랑이 고귀하고 아름답고 순결하기에.

그대가 사랑의 표시로 시계를 나에게 선물했다. 이 시계는 영원토록 고장이 없었으면 하는 바람 또한 크다. 우리의 사랑은 영원을 약속했기에 어느 한 쪽 죽음으로 헤어지는 그 순간까지….

12월 24일

내일이 바로 우리 예수님께서 나의 죄를 대속하시려고 이 땅에 육신을 입고 오신 날을 기념하는 크리스마스 날이기에 무척이나 뜻깊고 즐거운 날임에 틀림이 없다.

그런데 내 마음은 즐겁지도 아니하다. 뜻깊고 감사해야 되는 줄을 알면서도 가정의 그리움 때문인지 슬픈 마음이다. 제일로 우리 찬희가 보고 싶다.

작년의 오늘은 찬희와 케이크의 촛불 켜고 성탄을 축하했는데 오늘은 홀로 얼마나 내 마음 슬픈지 알 수 없다.

마냥 혼자 집에만 있고 싶다. 교회도 가지 않았다. 내일 새벽송도 오시지 말라고 전화했다. 모든 게 싫다. 내가 계속해서 이런 삶을 영위해야 하는지 이런 삶이 지속된다면 진정 나는 어찌 해야 좋을지 암담하다. 가진 것 없고 도울 자 없는 내 자신이기에 너무도 괴롭다.

새로운 삶을 위해 돌파구를 찾아 애쓰건만 별도리가 없다. 인간이 어려울 때일수록 주님께 가까이 가서 믿음과 기도의 응답으로 극복할 수 있다는 걸 알지만 내 마음은 더욱 도망치고 있는 실정이다.

주님을 두려워하고 있으면서도 왜 이러는지 나도 모르겠다. 이러면 안 되는 줄 알면서도 하나님의 사랑에 앞서 인간의 사랑을 그리워하고 있는 내 마음 속일 수 없는 현실이다.

1990년

3월 29일

내 인생 다시 태어나는 심정으로 떠난다. 부모란 무엇이기에 아니 엄마란 무엇이기에 이런 아픔과 함께 살아야 하는 건지.

이미 나는 찬희 엄마이기에 찬희를 위해 살아주는 것 또한 당연한 일이기에 떠날 수도 없는 몸. 엄마의 본분을 떠난 행복이 Q로부터 보장만 돼 있다면 홀연히도 떠날 수 있지만 Q로부터 보장돼 있지 않는 행복은 추구하고 싶지 않다. 앞으로 나의 인생이 어떻게 전개될지는 그 아무도 모르는 일. 오직 나를 사랑하시는 나의 Q만이 나의 모든 걸 감싸주실 것임을 믿는다.

나는 분명히 Q의 자녀이다. 내가 불 가운데 갈지라도 불이 나를 사르지 못하고 물 가운데 갈지라도 그 물이 나를 침몰치 못할 것은 우리 Q의 불꽃같은 보살핌 때문이다.

내가 물설고 낯선 타국에 모험의 삶을 추구하는 것도 분명히 Q의 계획 가운데 이루어진 일이라 생각한다.

나는 진정으로 찬희를 사랑한다. 물론 이 세상의 어떤 부모가 자기의 자녀를 사랑하지 않는 부모가 있겠는가 만은 나의 입장은 다르다. 이미 찬희 아빠는 남편으로서의 자리도 아빠로서의 자리도 포기한 상태이기에 우리에겐 가정이 없다. 이쯤에서 내가 다른 길의 가정을 추구하며 앞으로 내 편안한 안식처를 추구한다면 나를 원하는 사람은 많다. 그러나 찬희까지 위하는 상대는 그다지 쉽지 않음은 자명한 일이다.

여기에서 조건이 좋은 상대라지만 찬희를 원치 않음에 나만의 행복을 위해서 찬희를 저버릴 수 없다.

어떤 이는 내게 대놓고 바보라고 했다. 자식에 얽매여 나의 삶의 포부를 펼치지 못한다고 말이다. 그래 어쩜 나는 그들이 말하는 바보인지도 모르지. 그래 나는 어쩜 끝까지 바보로 남을지도 모른다.

진정한 나의 소망은 경제적인 여건만 허락된다면 우리 찬희와의 삶을 영위하고 싶다. 어느 가정에 얽매이고 싶지도 않고 찬희와 함께 Q를 맘껏 섬기며 살고 싶다.

그러나 어느 한쪽에는 나대로의 여자로서의 삶도 무시할 수는 없는 일. 맘껏 믿고 사랑할 수 있는 상대가 있다면 더욱 좋겠지. 물론 인간이 인간을 믿는다는 것은 극히 어리석음을 Q의 말씀을 통해 이미 알고 있지만 때로 어리석음을 피할 수 없어 인간에의 기대도 해본다.

나는 극히 평범한 여자이고 싶다. 그러나 나를 평범한 여자로

만들어주지 않는다. 어차피 인생은 홀로요, 나의 곁에는 아무도 없기에 나 스스로 평범한 여자의 삶을 위해서는 피나는 노력이 필요하다. 어쩜 그 노력의 열매로 머나먼 이 길을 떠나게 되는지도 모른다. 열심히 살자고. 열심히 살자고. 다짐하고 또 다짐한다.

4월 3일

오늘따라 왠지 두고 온 모든 이들이 보고파진다. 마구 울고 싶다. 물론 나의 생활이 어려워서 모든 이들이 그리운 것은 진정 아니다. 아무래도 이곳은 우리 한국보다야 선진국이기에 환경이 좋을 수밖에. 이 환경이 맘에 든다. 그러나 인간의 본능이기에 그런지 알 수 없지만 자꾸만 자꾸만 보고파지는 마음 걷잡을 수 없다.

이제 4일째 되는 날이다. 전화라도 걸어 목소리라도 들어야겠기에 나의 사랑 한나에게 정녀에게, 남희에게 1,000엔의 전화를 하고 돌아왔다.

4월 6일

찬희가 너무도 보고프다. 모정이 무엇이기에 이토록이나….

우리 찬희는 또한 엄마가 얼마나 보고플까. 너무나 보고 싶다 못해 원망스럽겠지? 그러나 멀지 않은 그 어느 날 원망이 변해 감사가 되도록 노력해야지.

나는 진정 우리 찬희 때문에 이 길을 택했던 거다. 물론 당분간은 그리움의 노예가 된다 해도 영원히 헤어지지 않을 약속을 위해서 말이다.

찬아! 만약에 네가 엄마 마음을 알고 엄마를 위해서 열심히 살아준다면 더 이상 바랄 길 없겠다. 엄마 마음 몰라줘도 너의 인생을 위해 열심히 그 어느 훌륭한 목표를 위해 살아준다면 보람으로 만족으로 알고 하나님께 감사할게.

네가 진정 엄마의 마음을 몰라준다 해도 Q만은 나의 마음 알고 계실 거니까. 내가 진정 얼마나 너를 사랑하는 줄 말이야. 엄마로서의 책임을 위해 얼마나 눈물을 흘렸으며 얼마나 많은 고심 끝에 이 길을 택했는지 진정 우리 Q만은 아시기에 결단코 우리 노력이 수포로 돌아가지 않을 거야.

주님! 오늘도 나의 마음 중심에 주님을 모시고 살기 원합니다. 나의 모든 것 주관하시고 인도하셔서 찬희와 함께 맘껏 주님을 섬기며 살게 하소서.

4월 12일

지금 시간 자정을 넘어 1시 15분.

방금 퇴근한 길이다. 모든 이들이 다 꿈나라로 향한 시간임에도 불구하고 오늘따라 더욱 지치고 피곤한 몸과 마음이라서인지 이대로 잠을 이룰 수 없어 펜을 들었다.

이곳은 밤낮의 기온차가 심한 데가 온방장치가 되어 있지 않아 감기 손님까지 찾아와 목이 아파 침을 맘대로 삼킬 수도 없다. 이럴 때 그리운 것은 우리 찬희…. 또한 사랑하는 임이라도 있다면 어느 정도의 위안은 받을 수 있으련만. 이 세상에는 많은 남자, 여자가 살고 있다지만 왜 나만이 유난스러운 길을 걸어야만 살 수 있는 것일까? 내 자신 어디에 어떤 문제를 안고 있어서일까?

4월 17일

한나와 통화를 했다. 어제도 전화를 했지만 통화중이라 오늘 또다시 전화해 목소리를 들었다. 너무도 반가워하는 음성이다. 나에 대해 많은 염려를 하더구나. 몸조심 하라고.

그래 어쩜 이 세상에서 진실된 마음을 받아본 벗은 그래도 한나일 거야.

"일본에 가서 일이 잘 안되더라도 실망하지 말고 자포자기하지 말고 건강하게 돌아만 와줘."

그 말이 내 귀에 쟁쟁하게 들린다. 정말 고맙고 항상 마음 뿌듯함을 느낀다.

4월 19일

엄 언니께 편지를 썼다.

너무도 고마운 언니임을 잘 알고 있기에…. 진즉에 했어야 하지만 왠지 모르게…. 그 언니는 너무도 열심히 살고 계신다. 나도 그 언니처럼 열심히 살았다면 이 먼 곳까지 우리 찬희를 두고 오지 않았을 텐데 말이다. 이 생활을 통해 내 자신이 새로이 탄생한다. 더욱 알뜰해지고 더욱 과감해지고 더욱 냉정한 여인으로 말이다.

엄 언니! 정말 고마웠어요.

육신의 피를 나누지 않았지만 나를 위해 슬퍼했고 나를 위해 고생도 했고 나의 아픔을 위로해주며 안타까워하시던 언니. 진정 잊지 않겠어요.

4월 20일

인간같이 간사하고 시시때때로 변하는 게 이 세상에 다시없다는 걸 이미 알았지만 내 마음의 상처가 될 줄이야.

나 역시 시시때때로 많은 갈등 속에 사는 건 사실이다. 그러나 위치와 입장이 다르다. 꼭 찬희 할머니를 연상케 한다. 아무 말도 하고 싶지 않다. 마냥 침묵 속에 지내고 싶다.

무슨 말이 어떻게 필요할까! 때로는 나이답지 않게 조숙한 점도 많고 때로는 나이답지 않게 어리석음도 많은 것을…. 물론 내 자신 인격이 성숙되지 못한 점 때문이리라. 좀 더 너그럽게 이해하고 감싸줄 수 있는 아량이 부족하기 때문이리라.

4월 22일

진정 하나님의 사랑은 크시도다.

오늘은 오사카교회에서 야외예배를 드렸다. 마침 한국 오빠를 만나 그 오빠를 통해 많은 사람들에게 많은 도움, 사랑을 받았다. 정말 고맙다. 감사했다.

정말 주 안에서 하나님의 사랑이기에 나 같은 사람에게도 아무것도 모르는 나도 이다지 크나큰 사랑을 받을 수 있다는 게 기적이다.

주님! 정말 감사합니다. 오늘 하나님의 사랑이 크다는 것을 새삼 깨달았습니다. 그러나 주님 이토록 흐뭇하고 감사하지만 마음 한구석의 아픔은 떨쳐버릴 수가 없답니다. 오늘도 잠깐 찬희 생각이 머리를 스쳐 마음도 아프고 눈물이 나왔어요.

주님! 나의 모든 걸 아시는 주님이여.

주님을 사랑합니다.

4월 26일

몸이 무척이나 피곤하다. 피곤해서인지 집 생각이 난다. 머나먼 타국이기에 달려갈 수도 없고 이런 마음에서 전화하게 되면 부모님 마음도 상할 것 같아 참아야 했다.

타향살이 몇 해던가 손꼽아 헤어보니
고향 떠난 십여 년에 청춘만 늙어

부평 같은 내신세가 혼자도 기막혀서
창문열고 바라보니 하늘은 저쪽

고향 앞에 버드나무 올봄도 푸르건만
버들피리 꺾어 불던 그때는 옛날

5월 26일

암흑 속에 사는 기분이다. 말을 몰라 어려움을 당하니까 마치 정신까지 몽롱해지는 것 같았다.

하지만 시간이 약이라 약간씩 깨쳐가면서 지혜가 조금씩 자라고 있다.

어제는 찬희한테 편지가 왔다. 어린 아들이지만 나름대로 엄마에 대한 염려가 많았다. 똑같이 세 사람에게 편지를 했지만 그래도 우리 찬희만이 답장이 왔다.

찬희를 비롯하여 모든 이들에게 전화라도 하고 싶지만 마음도 경제력도 여의치 못해 참았다.

6월 8일

내 마음 이러하면 안 되는데 왜 이러지. 안 되는 줄 알면서도 말이다. 만나면 한없이 내 마음 끌려들어가고 어딘지 모르게 행복함을 느낀다. 그는 돈이 많은 사람도, 얼굴이 미남자도 아니다. 단지 나만을 생각하고 아껴주는 분이라고 생각되기에 나도 모르게 끌린다.

헤어져 집에 돌아와 생각하면 정말 이러면 안 된다. 나의 중심을 찾자고 또다시 다짐한다. 그러나 마음 한구석에는 전화가 기다려진다. 그는 일본인이다. 그는 진실로 나를 사랑한다. 아니면 내가 혹시 착각 속에 있는 것은 아닌지 모르겠다.

6월 14일

서로에게 있어서 사랑하면 안 되는데 날마다 마음을 자제하지만 나도 모르게 보고 싶어지는 건 웬일일까.

나의 자존심 때문에 그와 같은 이를 사랑하고 싶은 게 아닌가 싶다. 다른 사람들은 모두가 여러 사람의 사랑을 갈구하지만 그는 그렇지 않은 사람 같아서 과거에 아팠던 자존심과 마음이 조금은 충족되지 않나 생각해 본다.

나도 모르게 내 마음 약간의 아픔을 느낀다. 정말 사랑의 아픔을 예전에 알았노라고 말하던 내가 왜 또다시 마음에 사랑의 싹을 틔우고 있는 것일까. 정말 나는 바보인가.

6월 17일

결혼식장에 다녀온 나의 기분. 한쪽에는 보지 못했던 것을 보는 즐거움이 무척이나 행복하지만 한쪽에의 아픔을 억누를 수가 없어 많이 울었다.

여기는 외국이라서인지 결혼식의 분위기 참 좋았다. 어느 TV에서 보았던 바로 그 분위기였다. 재일교포이기 때문에 한국 민속의 예식을 했는데 제일 먼저 족두리 의상 다음 드레스 다음 한복차림의 예식이었다. 마침 신부 부모님이 이혼부부였다. 중간에 헤어져 사는 아버지가 딸에게 술 한 잔 대접하고 눈물 흘리며 나오는 모습은 정말 나의 마음을 사로잡고 말았다.

아빠도 울고 딸도…. 새신랑이 신부의 눈물을 닦아주는 그 모습은 정말 남의 일 같지 않았다. 또한 마지막 타임에서 신랑소개를 할 때 고생했던 과거에 신랑이 우는 것을 보니까 얼마나 슬펐는지 모른다.

우리 찬희는 저런 상황일 때 어떻게 할 것인가. 찬희가 많이 그리웠다.

6월 26일

진정 내 인생이 버려지는 한 마리 벌레에 불과한 것일까. 예전에 사랑의 아픔을 알았노라고 내 마음 다짐했건만….

그는 떠났다. 내 마음에 아쉬움을 남긴 채. 그는 짧은 동안만이라도 나의 아렸던 마음을 채워주었기에 나 역시 아쉬운 사람으로 기억하고 싶다.

자기의 인생에 있어 처음으로 귀한 사랑을 느껴본 여자이지만 내 곁에 있을 자격이 없기에 떠나노라고 몇 번이나 마음 아파하며 떠났다. 다시는 전화도 하지 않겠노라고 약속하고서 몇 시간 후 다시 전화하고 또 전화하며 나의 건강과 나의 앞날을 염려했다. 부디 건강하고 부디 꿋꿋이 열심히 하라면서….

나 역시 만날수록 마음의 아픔을 느끼며 지냈다. 사랑할 수 없는 사람을 사랑하는 것은 죄를 창건하는 격이기에. 나로 인해 진정 어느 여자가 불행해지는 것 원치 않기에 말이다.

나 역시 그에게 말했다. 이제부터는 만날 수 없기에 날마다 내 자신을 이기며 참으며 살겠노라고. 서투른 언어로 내 마음을 전했다. 내 마음 한없이 허전함과 아픔으로 얼굴에 눈물로 얼룩져 버렸다.

8월 5일

이토록이나 괴로울 때는 어떻게 해야 좋을지요? 어느 누구와 마음을 주고받을 만한 사람은 그 아무도 없는데 말이죠.

나 혼자 간직하기에는 너무도 벅찬 사연들. 내가 마구 울어버린다 해서 문제가 해결될 것만 같으면 울겠지만 울어 봐도 아무 소용이 없다.

엄마와 통화를 했다. 많은 염려와 걱정을 하셨다. 그러나 근본적인 즉 경제적인 문제가 해결이 나지 않기에 나만이 더욱더 괴로워한다. 엄마도 무척이나 딸인 나 때문에 근심 속에 살고 계시지만 나 역시 그리움의 노예가 되어 날마다 인내하며 살고 있다.

8월 21일

꿈속에서 찬송을 하면서 많이 울었다. 꿈속에서도 부흥회에 참석했는데 목사님께서 예수로 나의 구주삼고 찬송을 했는데 진정 (세상과 나는 간곳없고 구속한 주만 보리로다) 그 찬송이 너무도 감동적이었다. 내 인생을 가만히 돌이켜본다.

물론 나름대로 주님의 은혜에 감사하며 살려고 노력했지만 열매가 주님의 원치 않는 삶을 영위하고 있기에 더욱 죄스런 마음뿐이다.

앞으로도 나의 바람은 진정 찬희와 함께 살면서 주님을 맘껏 섬기며 맘껏 충성하며 살고픈 마음이다. 그러나 미래를 위해 현재의 삶도 무시할 수 없는데 지금의 나의 생활을 보시면서 주님께서 얼마나 탄식하실까. 주님의 탄식하실 것을 생각하니 더욱

교회 봉사하는 모습

마음이 아파온다. 이 시점에서 이 생활은 도저히 나의 마음과 나의 생각을 용납하지 않는다. 도저히 말이다.

그렇다면 주님을 기쁘시게 하기 위해서도 나는 어떻게 해야 할 것인지. 나의 주위의 모든 이들은 주님을 모르는 미지에 살고 있는 사람들뿐이다. 주님의 말씀에 믿는 자에게는 능치 못함이 없느니라 말씀하셨지만 내 생활 전체가 주님을 전적으로 믿지 못한 결과 밖에는 되지 못했다.

이제부터라도 더욱 주님을 가까이 하는 삶이 되도록 노력하면서 그를 통해서 행복을 추구해야겠다.

8월 22일

내 곁을 떠나겠노라고 선언했던 그를 다시 만나면서 지낸다. 나란 사람을 생각하면 모든 걸 참을 수 없기에 만날 수밖에 없고 전화할 수밖에 없노라고….

그는 나를 통해 과거의 한국인을 보던 이미지가 바뀌었다고 말했다. 나 같은 사람이 즉 훌륭하고 착한 사람이 왜 혼자 살게 되었는지 불행하게 되었는지 이해할 수 없노라고 말했다.

이제까지도 평범한 여자로서의 길을 걸어왔고 하나님의 자녀라고 자부하며 하나님의 자녀의 신분에서 탈선하지 않으려고 노력하며 살았던 나의 삶이 그에게도 엿보였는지 모른다.

그는 일본인이기 때문에 일본은 불교가 강한 나라이기에 그 역시 불교신자이라서 평생 교회에 한 번도 가본 적이 없다고 했지만 자기 스스로 나하고 한 번 교회에 가보고 싶다고 말했다.

나 역시 무엇보다도 반가운 소리였다. 그는 자기의 생활에서 무리하면서까지 나를 돕기를 원한다. 그러나 나는 그런 걸 원치 않는다. 나로 인해 누구를 막론하고 피해보는 것 원치 않기에 때문이다.

어떤 방법을 통해서든 한 영혼이 구원을 받을 수 있다는 것은 Q의 원하시는 뜻이기에 이제까지의 나의 생활에 대해서 조금의 위로를 받는다.

8월 23일

왠지 마음의 허전함을 느낀다. 막막함과 함께 이대로의 삶이 계속된다면 진정 죽고 싶은 심정이다. 이 세상 살아가는 데는 분명히 동역자가 즉 동반자가 필요한가 보다. 그래서 Q께서도 최초에 아담을 만드시고 보시기에도 외로워 보였기에 다시 하와를 지으셨다고 말씀하셨다.

그런데 이 어리석은 은혜는 동반자를 잘못 관리해 잃어버렸으니 누구를 원망하랴. 다시 찾으려 해도 그다지 쉬운 일이 아닌 것을….

이 마음 누가 잡아줄 수 있을까! 그렇다고 함부로 맡길 수 없는 인생이기에. 그렇다고 혼자 간직하기에는 너무도 벅찬 사연 사연들.

8월 26일

오늘도 하루의 일과를 충실함 속에서 보내었다고 자부하고 싶다. 그러나 현실과는 다른 꿈을 가지고 있었기에 더욱더 서글퍼진다.

현실에 충실하면 할수록 이제까지의 나의 포부와는 방향이 다르기 때문에 더욱더 괴로워지는 것이 기정사실이다.

일하는 시간 속에서도 하나님에 대한 죄책감을 버릴 수가 없다. 진정 많은 세월을 통해 나의 Q만이 유일하신 신이요, 구세주이시며 진정한 나의 구주이심을 알았지만 진정 주를 위한 생활이 아닌 나의 자신만을 위한 삶을 영위하고 있기에 죄책감이 더욱더 되살아난다. 잠깐의 시간을 통해 Q께 기도했다. '진정 Q께서는 원하시는 길을 갈 수 있는 힘과 능력을 주시고 그 힘과 능력으로 인한 삶을 통해 맘껏 충성하며 맘껏 영광 돌리며 행복한 삶을 살아가는 자가 되기를 원합니다'라고 기도했다.

이 시간도 보고 싶은 이들이 많이 있다. 그러나 그 모든 것들이 부질없는 생각들이기에 스스로 잊으려 노력한다. 이 짧은 시간을 통해 나의 삶을 조금이라도 돌이켜보며 주님께 반성의 시간과 함께 이 지면을 통해 마음의 위로를 받는다.

나의 아들 찬희를 보고 싶은 마음을 억누르면서 이만 마무리하려 한다. 지금 시간 새벽 2시 25분이다.

11월 4일

지워버릴 수 없는 마음의 상처. 생각하지 않으려고 노력하지만 잊을 수 없는 모습이다. 나 자신 바보라지만 그 역시 바보임은 틀림없다. 소중한 생명을 함부로 생각하고 가정을 함부로 버릴 수 있는 그런 남자는 정말 이 세상에서 용납할 수 없는 사람이다. 난 진정 찬희만 없다면 이런 세계에서 살지 않아도 되지만 나 자신만을 생각할 수 없고 이미 나는 찬희 엄마이기에 찬희 엄마의 길을 갈 수밖에 없는 것이다.

이 순간도 찬희를 그려보는 순간은 찢어지는 고통을 느낀다.

12월 28일

그동안 너무나 바쁘게 살다보니 이 지면을 대하는 시간조차 낼 수 없었다. 이 해를 보내는 길목에서 몇 자의 글이나마 남기고 싶어 펜을 들었다.

오늘이 벌써 12월 28일 이제 3일 후엔 한 해도 영원히 돌아올 수 없는 이 시간 속으로 사라진다. 보내고 싶지 않아도 보내야하는 게 운명이 아닌가!

이 시간을 통해 나의 아팠던 과거가 주마등처럼 떠오르는 까닭은 무엇일까? 정말 그를 사랑했을까? 지금도 잊지 못하는 까닭일까? 하지만 우린 잊어야만 하는 운명이 아닐까!

물론 서로가 사랑도 했었지. 그렇지만 아무리 지금에서 서로가 잊을 수 없어 미련이 있다고 해도 우리는 다시 만날 수 없이 이대로 멀어져야하고 빨리 잊는 것만이 현명하다.

헤어진 동기부터가 나를 비참한 인간으로 만들었고 과정 또한 다시 돌이킬 수 없는 길로 몰아넣고 말았다. 빨리 잊어버리자. 모든 걸 송두리째 잊어버리자. 어떻게 살아야 할지. 하나님의 영광을 위해 살고 싶다. 물론 그 삶이 나에게도 복된 삶임을 알고 있지만 그 과정은 그다지 쉽지 않은 길임에도 분명하다. 나의 욕심 같아선 진정으로 주 안에서 서로 사랑하는 이가 있어 인생의 동역자로 신앙의 동역자로 살 수 있는 사람이 있다면 정말 좋겠다.

결코 나의 꿈과 소망이 수포로 돌아가지 않으리라 믿는다. 우리 하나님 나를 사랑하시고 나 또한 노력하고 우리 찬희가 착하기에 말이다.

정말 우리 찬희가 하나님께 붙잡힌 삶 속에서 하나님의 영광된 삶을 추구해 주었으면 하는 맘 간절하고 항상 하나님의 은혜 속에서 영육 간에 강건함이 있기를 빌고 또 빈다.

1991년

2월 7일

거울 속 내 얼굴을 바라본다. 눈을 감으면 그 아무것도 보이는 게 없다. 그러나 눈으로는 보이는 게 없다지만 생각 속에의 보이는 건 너무도 많다.

우리 찬희! 이 세상에서 둘도 없는 찬희. 이런 찬희를 버린 그는 정말 바보일까. 나는 물론 미인도 똑똑한 여자도 아니다. 그러나 찬희가 있지 않은가. 나는 밉고 정이 멀어졌다 해도 찬희를 위해서라도 그러면 안 되지 않을까!

4월 16일

찬아! 네가 언제쯤 자라면 엄마와 허심탄회한 이야기를 나눌 수 있을까. 엄마는 정말 찬희를 위해 살고 있다는 것을 찬희가 알 수 있을까. 물론 생명을 말하는 것은 아니야. 단지 엄마를 원하고 엄마가 가고픈 갈등이 많이 있지만 찬희를 위해서라면 그 길을 갈 수 없어. 포기할 수밖에 없기에.

엄마의 몸과 마음은 더욱 괴로움을 겪어야만 하는 일들이 많이 있단다. 이왕이면 이 세상에 하나밖에 없는 내 자식에게 떳떳하고 자랑스런 엄마로서 보람을 찾고 싶은 마음이 간절하단다. 그러니 찬희가 이 엄마의 마음을 알아주고 깊은 대화가 이어질 수 있다면 더욱 기쁘겠지.

5월 6일

하나님!

물론 Q께서 나의 마음 또한 모든 것을 다 알고 계시리라 믿지만 이 땅에서도 나를 사랑하고 나의 마음을 몽땅 줄 수 있는 사람이 있다면 얼마나 행복할까요?

물론 과거에는 아름다운 가정을 주셨었지요. 그러나 관리하지 못해 깨트린 행복이기에 누구를 원망하지는 않습니다. 모든 경륜을 통해 아무도 함부로 믿고 싶지도 않아요. 사람을 믿는 것은 그만큼 어리석다는 것을 알았으니까요.

그러나 저는 나를 알아주고 나를 아껴주며 Q를 믿는 사람이 있다면 남은 삶을 함께 하고픈 마음 간절해요. 혹시 Q곁에 가는 그날까지 홀로 남는 게 나에게 주어진 운명이라면 저는 어떡하죠?

진정으로 하나님을 아는 자라면 자기의 위치를 상실하지 않는 사람인 걸 믿기 때문에 먼저 Q를 아는 자를 선택하렵니다.

하나님! 진정으로 하늘나라 소망하며 사는 가정의 현모양처가 되고 싶습니다. 아직도 Q보시기에 저의 인격이 모자람이 많습니까? 물론 노력한다고 하지만 연약한 인간임에 그다지 쉽지가 않군요.

저 역시 나의 삶이, 나의 행동이 Q의 원치 않으심을 알고 있기에 때때로는 많이 울어야했고 많이 괴로워도 했습니다.

진정으로 비록 방탕한 세대에 살고 있지만 나의 중심은 항상 Q를 향한 상태에서 이 세대를 본받지 않고 Q의 뜻을 좇아 사는 자이기를 원합니다. 이대로의 삶이 아닌 행복한 가정을 이루고 싶습니다.

6월 30일

사람을 믿는다는 것은 극히 어리석은 것임을 이미 알고 있으면서도 다시금 실수를 하고 있는 까닭은 무엇 때문일까.

주님! 진정 어리석함을 범치 않게 하며 날마다 주님과 상담해서 주님의 지도하에 생활하게 하소서. 나에게 두 번의 실패는 있어서는 절대 안 됩니다.

주님! 날마다 저를 주장하소서. 저의 입을 주장하소서. 세속에 물들어 살지 않고 오직 주님 자녀로서의 사명을 다하며 찬희 엄마로서의 사명도…. 또한 모든 사람들에게 소망을 주는 사람으로 살게 하소서. 오직 주님만이 제 마음을 아십니다.

7월 11일

오늘은 애정소설이라도 읽고 싶은 심정이다.

전에 읽었던 『조용한 남자』의 하편이 읽고 싶지만 구하지 못했고 이 기분 이대로 잠들기에는 좀 섭섭해서 전의 나의 마음 한 편 한 편을 읽어보았다.

그 한 구절 한 구절이 모두 슬픔이었지만 그 반면에 소망이 있었다. 찬희와 함께 살 수 있는 여건만 마련된다면 무슨 일이든 하겠는데 시기상조일까?

8월 25일

왠지 내 마음 너무나 허전하다. 지금부터 앞으로 다가오는 나의 미래를 어떻게 받아들여야 만이 후회하지 않는 삶으로 우리 Q께 영광된 삶을 살 수 있을지 모르겠다. 그렇다고 이대로 혼자라는 것도 싫다.

그렇다고 어느 상대가 나를 원한다 해도 나는 자신이 없다. 내가 바라고 있는 것은 극히 작은 소중한 꿈이건만 거기에 함께 동참할 수 있는 상대는 그다지 쉽지 않기 때문이다. 어느 누가 Q의 영광을 위해 남은 인생을 살려고 하는 자일까? 그런데 나는 아직도 입으로는 Q의 영광을 외치고 있지만 어딘지 모르게 나 자신의 영광과 나의 쾌락을 포기하지 않은 채 살고 있는 것이다. 문제는 나에게 있다.

Q의 영광도 돈도 사랑, 명예도 어느 하나도 포기하지 않고 욕심을 부리고 있기에 그 모든 걸 다 갖추어진 상대가 흔치 않은 것은 기정사실이다.

거기에 빼놓을 수 없는 우리 찬희도 있다. 정말 찬희가 엄마에게 원하는 것이 무엇일까? 어느 가정을 통해서 주는 엄마의 사랑일까? 아니면 엄마 혼자로서 주는 사랑을 원하는 걸까?

오늘은 『조용한 남자』라는 소설 下를 읽고 있다. 주인공인 이미령은 엄마의 사랑을 받지 못한 상태에서 자라 성인이 되어 그립던 엄마를 상봉했다. 그러나 그리워했던 엄마였지만 자기와 관계없는 어느 가정의 부인이요, 의사의 직업을 가진 엄마임을 확인했을 때의 실망감은 컸다. 아빠는 아빠대로 관계없는 부인의 남편으로 한 딸의 아빠다. 그럴 때 미령이가 설 땅은 없는 것을 볼 때 찬희가 너무나 가여웠다. 우리 찬희의 입장이 미령이의 입장처럼 될 가능성이 크기 때문이다.

그렇다면 내가 진정 사랑하는 내 아들 찬희를 위해 해야 하는 길은 어느 길일까?

10월 12일

모든 사람들은 나를 똑똑한 여자라고들 말한다. 그런 말을 들을 때마다 김덕성 목사님의 설교말씀이 생각난다.

모든 사람들이 볼 때에는 극히 똑똑한 여자처럼 보이나 자신의 연약함과 자신의 부족함을 너무도 잘 알고 있기에 아픔을 느끼고 답답함을 느낄 수밖에 없다. 오늘도 또한 Q의 말씀에 바로 서기 위해 순간순간 얼마나 노력했나! 그 노력이 Q께서 보시기에 어떠하셨는지를 잘 모르겠지만 말이다.

물론 내가 이 시점에서 생각할 때에 Q를 알지 못하는 자라면 어느 한쪽의 아픔을 느끼지 않을 수도 있다. 하지만 나는 이미 Q의 사랑을 통해 Q의 은혜로 살고 있는 한 지금 내가 받고 있는 괴로움과 아픔은 어쩜 행복일 수도 있다.

아무튼 내가 믿고 아는 나의 Q는 위대하신 분임이 틀림없다. 단지 내가 복종하지 못하고 온전히 맡기는 삶을 살지 못하기 때문에 오늘날 이 생활을 자초했다.

하나님! 불쌍히 여기시고 더욱 강하게 승리의 삶으로 인도하소서. 실패의 삶은 한 번으로 족합니다. 하나님! 아시지요? 나의 진심을.

10월 15일

날마다 날마다 살아가는 일이 공부다. 인생 공부란 죽는 그날까지 필요한 것이다. 돈이란 것이 이토록이나 사람을 비굴하게 하고 쓸쓸하게 하는지를 이미 예전에도 알았지만 오늘은 유독 더 아픔으로 다가온다. 나름대로 열심히 산다고 살았고 약을 먹어가면서까지 일을 했다. 하지만 정말 육체의 고통보다 더 큰 것은 마음의 고통이다.

날씨가 쌀쌀해져서 굉장히 피곤하고 몸까지 아프니 오직 혼자라는 것이 서글프다. 새삼 사람을 믿는 건 극히 어리석다는 것과 돈은 꼭 있어야 함을 절실히 깨닫는다. 이제부터는 더욱 정신 바짝 차리고 노력하며 절대 어느 누구에게도 기대지 말고 살아야지 다짐하지만 돈을 위해서 나의 있는 모든 것을 다 버려야 하는 현실 앞에 자신감을 잃어버리고 만다.

11월 24일

오늘은 가스우라 온천에 다녀왔다. 너무나 훌륭한 시설과 자연 앞에 놀라지 않을 수 없었다.

이 아름다운 자연을 볼 때 Q의 솜씨는 정말 훌륭하다고 몇 번이고 감탄을 했다. 또한 그 자연을 이용한 일본사람들의 기술도 정말 훌륭했다.

이럴 때의 기분은 일본에 계속해서 머물고 싶은 심정이다. 물론 나에게 자연스럽게 모든 여건이 허락된다면 아예 희망이 없는 것만도 아니다. 어젯밤 연회석에서도 무척이나 쓸쓸했다. 모든 사람들이 흥겹게 놀면 놀수록 내 마음은 더욱 그리움의 노예가 되어버리는 것이었다. 물론 이 세상에는 나보다 더 쓸쓸하고 불행한 사람들이 얼마든지 있다.

그러나 그 사람 나름대로 마음 굳게 먹고 열심히 살아가고 있기에 하루하루 경쾌하게 살 수 있는 것이 아닐까! 하루하루 가는 인생이 덧없는 것만 같지만 열심히 살아야겠다.

12월 4일

내 마음 왜 이다지 착잡하고 쓸쓸할까!

나는 어쩜 똑똑 바보인지도 모른다. 이런 바보라면 이 일하고 험난한 세상을 헤쳐 나갈 자신이 없기에 더욱더 쓸쓸해지는지 모른다. 이토록 순수하게 살려고 하지만 알아주는 이 없고 그렇다고 성격적으로도 나의 주장만을 확실하게 할 수 없는 여린 마음이기에 한없이 슬프고 답답하기 그지없다.

12월 11일

터질 것 같은 이 내 마음을 알까! 굳게 곱게 살려고 발버둥치지만 이 세상이란 게 호락호락하지 않다.

가슴 찢어질 것 같은 아픔을 어떻게 해야 할까! 먼저 나의 잘못과 무능함이지만 나에겐 너무나 가혹하고 따갑다.

진정 어떤 삶이 나에게 합당하며 진정 나의 행복을 보장해주는 것일까! 물론 행복을 어느 누가 보장해주는 것은 아니라 스스로 가꾸어가는 것임을 잘 안다. 그렇지만 이 행복이란 열매는 전적으로 나를 통해서만 오는 것만도 아니다. 타의에 의해 행복의 열매를 맺을 수도 있고 불행의 열매를 맺을 수도 있다. 그래 진정 나에게 주어진 인생이기에 울며 불며라도 낙오의 길을 걷지 않고 가기는 간다. 이런 쓰라린 아픔, 버림의 아픔도 극복해야 한다.

나에게는 찬희가 있기에 더욱더 강하게 참아야 하는 것이다. 물론 찬희가 없다면 나의 인생이 간단할 수도 있다. 나의 주되신 주께서 내 마음 아시고 모든 것을 이길 수 있는 힘을 주시리라 믿으며 이 순간도 희망의 끈을 놓치지 않으려고 한다.

12월 31일

한 해를 보내야하는 길목에서 지난 시간을 뒤돌아본다.

정말 열심히 살아온 하루하루다. 지금 내가 처해있는 환경이 정신 바짝 차리지 않으면 인간의 본분을 버리게 되고 나아가서는 하나님과도 원수가 되는 아주 무서운 세계라 아니 말할 수 없다.

그러기에 더욱 긴장의 연속 속에서 그 환경에 지배되지 않으려고 발버둥을 쳤다. 그중에 큰 힘이 되신 것은 물론 나의 하나님이시다.

날마다 말씀이 살아 나를 주장하셨으므로 더욱 능력의 삶을 살았고 어려웠지만 조금이나마 안정된 생활을 주시고 마음의 여유를 주시고 죄와 멀어지는 마음과 생활을 주셨음에 감사한다.

다시 새로운 새해를 설계한다면 이대로의 마음을 더욱 굳게 먹고 앞만 바라보며 전진하는 해가 되고 싶다.

나 자신에게는 한시라도 세월을 아끼며 보람 있는 배움의 사람으로 나아가서는 부모 형제 나를 아는 모든 이들에게는 진정 필요한 사람이요 실망주지 않는 사람이길 바란다.

1992년

1월 7일

하루하루 사는 것이 정말 실패의 연속뿐일까? 실패의 맛이란 정말 쓰라린 것임을 이미 알고 두 번 다시는 실패의 삶을 살지 않으려고 날마다 안간힘을 쓰지만 상대들로부터 주어지는 상처를 감당해내기에는 정말 힘이 든다. 그렇다고 어느 누구를 탓할 수도 원망할 수도 없는 일. 오직 나 자신의 무능함에 가슴 아플 뿐이다.

정말 사람을 안다는 것 또한 무서운 일이다. 물론 믿는다는 것은 더욱이나 말이다. 정말 자신이 없다. 그렇다고 인생을 포기할 수도 없는 일, 나의 본분을 상실할 수 없기 때문이다. 나는 진정 Q의 자녀이자 한 아들의 엄마이다.

엄마의 본분을 상실하고 인생을 포기한다면 우리 찬희가 너무도 불쌍해지니까…. 나를 모르는 자들에게는 아무리 무시당해도 참을 수 있지만 나를 안다는 사람에게 무시당하는 일은 고역이 아닐 수 없다.

2월 2일

그리워지는 마음 억제한다는 것도 괴로움이다. 과연 나도 여자임은 속일 수 없는 사실이다. 그렇다고 누구에게 매달려 나의 이 마음을 스스럼없이 전할 수도 없다.

왜! 나에게는 맘껏 즐기며 살 수 있는 상대가 없을까. 물론 은밀히 말하자면 없었다고 말한다면 Q께 죄스러워지니까. 무어라고 말할 수 없는 일. 신앙이 없는 자와 멍에를 함께하면서 희생의 책임을 회피해온 결과가 바로 오늘의 이런 저런 일이 아닐까! 이제라도 맘껏 마음 주며 아껴주는 배우자를 허락해 주시길 바라마지 않는다.

4월 30일

성규 동생이 곁에 와준 지도 벌써 36일이란 시간이, 아니 날짜가 흘렀다. 일본이란 곳에 와서 혼자 생활한 지도 벌써 2년이다. 너무도 각박하게 짜여진 생활 속에 세속에 물들지 않으려고 발버둥 치며 살아왔기에 정신적으로 육체적으로 얼마나 피곤했는지 모른다.

대화의 상대가 그토록이나 그리웠지만 그리워하는 만큼 나의 진심을 받아주는 이 없었고 어쩌다 받아주는가 했더니 결론은 나에게 가시로 돌아오고 마는 인생사. 정말 한 5, 6년이란 짧은 세월 속에 너무도 많은 것을 겪으며 인격이 성숙된 것 같다.

이제부터 시작되는 인생에서는 절대 실패는 안 된다고 날마다 날마다 다짐하지만 주위로부터 오는 패배감 때문에 다시 슬픔을 맛볼 때가 많다. 그럴 때마다 혀를 깨물며 인내란 단어를 마음에 새기며 참았던 순간순간들이었다.

어제는 극히 작은 대화의 상대일지라도 성규가 곁에 있다고 생각하니 마음 뿌듯한 안도감을 느꼈다. 물론 성규는 동성이 아니고 나이 차도 있고 여러 가지로 나의 마음을 송두리째 몰라준다 해도 하루 한 끼 함께 밥이라도 먹을 수 있으니 많은 위안이 된다.

왜 이토록 잊지 못하는 일들이 있을까. 때때로는 나의 조국에 돌아가서 살고 싶은 마음도 있지만 돌아간다 해도 기다려주는 이 없으니 보란 듯이 이곳에서 잘살고 싶다. 오로지 자식 하나 있는 것 데려다가 공부시키면서 조용히 살고 싶다.

지금의 나의 심정으로서는 Q께 정말 죄스럽다. 주님 자녀의 본분을 떠나 맘대로의 삶을 살고 있기에 말이다.

주님! 더 이상 나태한 삶을 살지 않을게요. 열심히 기도하고 주님의 영광을 위해 살게요. 더욱 강건하게 하시고 승리의 삶으로 인도하시고 가야할 길을 바로 갈 수 있도록 인도 하소서.

5월 9일

지금 시간은 밤이 아닌 낮이다.

비가 올 듯이 무척이나 찌푸려진 날씨이다. 날씨마저 내 마음과 같다고 표현해도 무방하고 쓸쓸하다.

마음의 위로를 위해 전용대 씨의 복음성가를 듣고 있다. 물론 Q의 사랑을 만끽하며 사는 삶이 가장 복된 삶인 줄 알고 있으면서도 왠지 약해지는 마음은 잡을 수 없다. 주님께 열심히 기도하며 매달리는 수밖에.

평소에 존경해오던 집사님 임 언니께 전화해서 목소리라도 듣고 신앙 안에서의 위로를 받고 싶다.

6월 21일

어쩜 오늘이란 날은 나에게 불행의 씨를 떨어트려준 시작의 날인지도 모른다. 39번째 맞이하는 생일이다. 일요일인데도 이른 아침부터 출근하기 위해 서두르는 동생의 기척에 잠을 깼다.

머리맡에 놓인 선물꾸러미와 편지가 내 눈시울을 뜨겁게 했다. 나 홀로 살아가는 서글픔을 동생도 느껴 그 안타까움을 위로하는 마음이 얼마나 감동인지 모른다.

정말 요즈음은 약해져가는 자신을 발견한다. 의욕이 없다. 아무리 열심히 살려고 해도 굳은 결심이 시시때때로 흔들린다. 세계적으로 침체된 경제이기 때문이고 어디엔가의 희망마저 보이질 않기에 항상 무거운 마음 그대로이다.

6월 25일

사랑이 무엇이기에, 괜시리 혼자서 마음 졸이며 사랑하고 있는 것은 아닐까. 이제 와서 사랑의 슬픔을 다시금 맛보고 싶지 않은 게 솔직한 심정인데 이런 감정은 무엇이란 말인가. 정말 슬프다. 속내를 가득 채운 사연이 구구절절하지만 속 시원히 털어놓을 상대가 없음이 또 쓸쓸하다.

7월 1일

지금 이대로의 삶이 아닌 새로운 삶을 위해서 기도하자. 오늘부터 백일기도를 하자. 하루도 빠짐없이 하자. 자 그게 바로 살 길이다. 나의 희망 나의 소망은 오직 예수뿐이다.

7월 16일

주님!

두 눈에 눈물이 맺힙니다. 주님은 아시지요? 이 세상에는 여자도 남자도 많이 있지요. 그러나 나에게 허락된 사랑이 하나도 없다는 게 나를 슬프게 하잖아요.

8월 25일

착잡하고 쓸쓸한 마음 달랠 길 없다. 그 누구에게 하소연하고 위로를 간청한다 해도 해결나지 않을 것 같아 방황하는 마음이다. 무엇으로 빈 마음을 채울 수 있을까. 불안정한 상태에서 횡설수설한 생활태도는 아닌지 주위에서 보는, 동생의 눈에 비친 나의 참모습은 어떤 것인지.

극히 소박하고 평범한 여자이길 원했는데, 한 여자의 운명을 바꿔놓은 그는 지금쯤 어디서 행복하게 살고 있을까! 자신의 행복을 위해서 상대방의 인생도 자식이란 생명도 모두 헌신짝처럼 버리고 홀연히 떠난 사람이지만 한 번쯤 반성은 했으려나.

정말 여자의 인생이란 이런 것인지. 나만이 이런 슬픔 속에 사는 것은 아니리라. 남들은 환경이 허락하는 대로 잘도 맞춰서 살아가고 있는데 왜 현실에 적응하지 못하고 더욱더 괴로워하는 이유는 무엇 때문일까.

결코 잘못된 나의 성격 때문일까. 낮아지지 않으려는 지나친 욕심 때문일까? 나의 인생만을 생각한다면 더욱 약해지고 더욱 슬퍼지는 가운데에서도 나에게 꿈을 주며 힘이 되는 나의 아들 찬희. 찬희를 생각하며 오늘도 굳세게 강하게 살고 싶은 욕망을 갖는다.

8월 27일

이토록 터질 것 같은 마음을 무엇으로 달랠담. 정말 힘들다. 왜 이다지도 걷잡을 수 없는 괴로움들이 밀려올까.

한 인간 인간을 알게 된다는 것들이 이토록이나 크나큰 괴로움으로 돌아와야만 하는 걸까. 정말 내 마음을 전할 수 있는 사람이 있다면…. 사랑하는 마음도 괴로움이고, 무시, 모독, 이 모든 것들이 나를 성장시키는 요소들일까.

쥐어짜듯 저려오는 가슴 어찌 위로할 수 있을까. 어쩜 인간들이 그럴 수가 있을까. 이대로의 삶을 지속해야 될까? 어찌해야 좋을지 모르겠다. 이제는 나만이 안고 있는 문제가 아니라 동생의 비자에도 걸려 있으니 여러 가지의 어려움이 따른다.

지금의 심정이라면 모든 것 포기하고 홀연히 떠나 새출발하고 싶은 심정이다. 그러나 물론 어느 곳에 간다 해도 인간들이 살고 있는 세계는 모두 한가지겠지.

8월 31일

사람이 산다는 것은? 나름대로 꿈도 소망도 갖고 살아간다. 하지만 지나치도록 자기 자신을 망각한 상태로 산다면 곧 타인에게 피해를 준다.

괜스레 자기 자신의 콤플렉스 때문에 보이지 않는 미움의 싹을 키워 가면서까지 살아갈 필요가 있을까. 먼저 나 자신부터도 생각해 보자.

9월 23일

나는 정말 돈이 필요했다. 나 혼자만의 인생이 아닌 아들 찬희도 있고 지금 동생 성규가 있기 때문이다.

그를 존경도 했고 동정도 했고 내 인생을 걸어 찬희와 나의 인생을 바꿔보려고도 했다. 그러나 이제 모든 것이 수포로 돌아가 버렸다. 그는 나를 마구 대했다. 욕도 하고 발길질도 했다. 나는 단 하루라도 그와 삶의 동역자가 될 수 없다고 생각했다.

어느 누구에게도 말할 수 없는 이 모독감은 내 마음을 한없이 슬프게 한다. 그렇다고 나는 여기에서 주저앉지 않는다. 동생도 끝까지 학교에 보낸다. 내가 가고자 하는 길 기어이 가고 말 것이다. 20여 개월, 덧없이 흘러버린 세월이 아깝다. 하지만 나름대로 공부가 되었고 그만큼 강해진 면이 있다고 생각하고 결코 후회는 하지 않는다.

*비자관계로 동경을 갔다 오면서 신칸센 안에서 몇 자의 글을 남긴다.

10월 6일

나의 소망인 찬희를 만났다. 놀랄 정도로 많이 자랐다. 변한 모습과 행동이 뿌듯했다.

우리 모자가 상면하기까지는 많은 시간이 희생된 것으로부터 시작해서 많은 고통과 괴로움, 그리움도 쌓였던 세월이 아니던가.

너무나 오랜만에 만나서인지 엄마 품에 냉큼 못 안기고 맴도는 것을 볼 때 섭섭했다. 아~ 역시 크니까 엄마의 품을 벗어나는구나 생각하니까 한 편 쓸쓸했다. 그러나 나는 끝까지 엄마로서의 본분을 망각하지 않고 그 의무를 다할 것이다.

말로 하는 이론적인 교육보다 작은 것이지만 행동으로 가르치는 산교육을 하고 싶은 것이다. 이 순간도 찬희와 엄마의 상면 소감을 교환했다. 나의 소감을 찬희의 일기장에 붙여주어 엄마의 마음을 항상 간직할 수 있도록 했고 나 역시 이 찬희의 솔식한 마음, 나를 흐뭇하게 해준 이 글을 여기에 부착해 간직하고 싶다.

아주 말할 수 없는 기쁨이었습니다. 김포공항에서 아주 큰 가방을 끌고 먼저 나오시는 삼촌 뒤로 엄마가 언제 나오시나 궁금해서 기다리는데 긴장이 되었습니다. 엄마가 나오는 순간 나는 울지 말아야지 하고는 꾹 참았습니다. 엄마는 변한 것이 없었습니다. 나는 가방 속에 무엇이 있나 궁금하기도 했습니다. 또한 좋았습니다. 온 가족이 엄마와 삼촌을 반갑게 맞았습니다. 엄마가 완전히 오면 좋겠습니다. 그래서 엄마와 같이 지내면 전 좋을 것 같습니다. 우리 반에서 친한 친구가 있는데 엄마를 소개하고 싶었습니다.

우리 엄마가 다른 애들 엄마보다 더 예쁘기 때문입니다. 자기네 엄마가 예쁘다고 생각할 수도 있지만 우리 엄마가 특히 예쁩니다. 어쨌든 엄마가 와서 기쁩니다.

11월 1일

조병화 에세이 『새벽은 꿈을 안고…』 이 책을 통해서 많은 걸 발견했다. 인생을 살아가면서 실패도 있을 수 있고 고통도 괴로움도 있을 수 있다. 이제까지 나의 실패된 과거로 인해 주저했고 부끄럽다고 생각했지만 이 책을 통해서 부끄럼이 나의 힘으로 바뀌었다. 그런 실패를 통해서 오늘의 내가 있는 게 아니겠는가.

그러나 얼마만큼 빨리 실패의 굴레를 청산하고 꿈의 세계를 향하여 발돋움 치느냐에 따라 인생의 성공을 맛볼 수 있는 것이다.

1993년

1월 16일

새해 나의 크나큰 선물일까! 사랑이란 것이 무엇이기에 왠지 나도 모르게 좋아지는 마음. 이런 마음을 느끼는 자체가 행복이라기보다는 괴로움이 크다.

정말 사랑해도 좋을 사람일까. 결국 나에게 상처로 돌아오는 것은 아닐까. 두렵고 떨리는 마음이기도 하다. 또한 어쩜 괜스레 혼자만이 마음 졸이며 혼자 생각하고 부풀리는 마음은 아닌지 모르겠다. 아무튼 존경하고 싶고 따르고 싶고 함께 있는 시간이 그립다고 고백하련다.

2월 4일

만나면 만날수록 달려가는 마음. 마음을 뺏기는 건지 주는 건지 어쨌든 간에 흐뭇함을 느낀다. 그러나 그 반면에는 견딜 수 없을 정도로 쓸쓸해지는 이유는?

그는 너무도 완벽하다. 어디 틈 하나 없이 꽉 차있다는 걸 느낄 때 나는 스스로 자신감을 잃어버리기는 하지만 한 마디 한 마디 대화 속에 깊이가 있고 따뜻하다. 그리고 여러 가지 면에서 훌륭한 것 같아 좋아 마구 달려가는 마음이지만 서로를 위해 참아가면서 서로에게 부담을 주는 존재가 아니기를 노력하며 먼 훗날까지 오래토록 친분을 지속하고픈 욕심이다.

2월 5일

한 잔 마신 기분이란! 나로 하여금 더욱 슬프고 비참하게 했다. 이유라면 바로 이루어질 수 없는 사랑이기 때문이리라. 어제도 그와 몇 시간을 함께했다. 함께 있는 동안은 마냥 즐겁고 포근하다. 그러나 헤어져 돌아오는 순간부터 괴로워지는 것이다. 그는 진정 남자로서도 어디 손색이 하나도 없다고 생각한다.

가정적인 면에도 사회적인 면에도 인생의 승리자가 아닌가 싶다. 물론 성공이라고 말하는 단어도 승리자라는 단어는 내가 논하고자 하는 의미는 분명히 다른 의도에서 말하는 거다. 진정 말하고 싶은 것은 내 인생에 방해가 되지 않는 범위 내에서 곁에 머물고 싶다.

2월 9일

머리 파마를 하고 돌아왔다. 여여미용실을 다녀올 때마다 나를 깨닫게 하고 나를 돌아보게 된다. 그는 신앙인으로서 하루하루를 충만 가운데 삶 자체를 드리는 생활을 보여주기 때문이다.

정말 존경하고 싶다. 그래 나는 이미 Q의 사랑을 통해 Q의 사랑을 알았기에 Q의 중심적인 삶이 필요한 것이다. 그동안 많이도 방황했지! 나 중심적인 삶 속에서…. 그러나 요즈음 새로운 변화를 주신 것도 Q의 뜻이리라. 그동안 교회 꽃꽂이도 회피하고 그 시간을 사람 위주로 살았으니까. 이번 기회를 통해 다시 교회 봉사를 소홀히 하지 않고 더욱 가까이 가기를 다짐한다.

3월 17일

어느 누구를 사랑한다는 것은 정말 두렵다. 사람의 감정이란 극히 불안정한 것이기 때문이다. 사랑하고 싶지만 또한 믿어버리고 싶지만 분명히 인간이기에 또 상처를 받을까 봐 두렵다

아무튼 열매를 맺을 수 없다 해도 이미 사고방식과 취미가 같고 대화가 이루어지니까 존경하고 싶다. 이대로 묵묵히 물이 흐르듯이 자연스럽게 이어지고 싶다.

4월 4일

이 상태로 마음이 약해져서는 절대 안 된다는 것을 너무도 잘 알고 있으면서도 왠지 약해지는 마음이다.

나는 혼자가 아니지 않은가. 나는 한 아들의 엄마이다. 가정이 없는 부인이라 해도 나도 엄마인 것은 분명하다.

그러나 한편으로는 혼자이고 싶다. 그 아무도 모르는 미지의 세계로 달려가고 싶다.

나를 알아주는 이는 다만 주님밖에 없음을 알면서도 주님에게 내 모든 걸 맡기지 못하고 그저 사람에게 의지하려는 이 못난 심사는 도대체 무엇일까!

6월 15일

우정으로 간직하기에는 좀 부담스럽고 스쳐버리기에는 너무나 아쉽다. 그러나 조금씩 다가가고 열리는 마음은 무엇 때문일까?

그는 정말 엘리트이다. 물론 이제까지 가정생활과 사회생활의 조화를 위해 얼마나 노력했는지는 몰라도 단 한 가지를 볼 때 일에 대한 집착력과 애착심. 바로 이것이 남자의 생명이 아닐까. 물론 나름대로의 비밀은 있겠지만….

그에게 어설픈 기대는 절대 하지 않기로 한다.

9월 3일

오늘은 운전면허를 따냈다. 그동안 일본에서 한국에 오자마자 운전에 매달려 무척이나 분주했다. 오늘로 운전학원은 마무리가 되어 좀 마음이 한가로워졌지만 자본도 그다지 쌓이지 않은 상황에서 무엇을 해야할지 생각이 많다.

찬희는 찬희 나름대로 엄마가 운전연수도 끝나고 해서 금방 떠나버릴 것 같은 감정이 드는 모양이다. 아무런 말도 없이 마구 운다.

찬아! 너는 엄마 마음을 얼마만큼이나 이해하니? 정말 엄마가 좋은 거니? 네가 엄마를 좋아하는 몇 백배의 사랑을 가지고 있는 엄마의 마음 이해할 수 있을까!

엄마는 찬희를 사랑하기에 오늘도 이곳에 이렇게 있는 거야. 결코 엄마는 엄마 좋은 대로 살지 않아. 왜? 찬희 엄마이고 찬희를 사랑하니까. 정말 찬희가 엄마를 필요할 때는 꼭 곁에 있을게. 찬희가 이제는 엄마의 힘이 없어도 살아갈 수 있다고 표현하는 그날까지 찬희의 설 곳을 위해 엄마도 살아갈게.

9월 27일

오늘은 한나와 긴 시간 이런저런 얘기를 했다. 정말 좋은 이야기였다.

인생이라고 하는 것은 하나님을 위해서 살아가는 거라고 입으로는 말해도 사실은 자기 자신을 위해 살아가는 것이라고도 했다. 그렇다. 자기를 위해 건강관리도 하고 공부도 하고 옆에 사람의 성공도 결국은 나 자신을 위함이 아닐까. 세상 사람들은 정말 모두 자기중심으로 살아가고 있다.

10월 15일

오늘도 교회 가서 예배를 드려도 마음과 머릿속에는 온통 그의 생각뿐. 왜 이다지 자꾸만 자꾸만 빠져 들어가는 것인지. 나도 모르겠다. 매일같이 국제전화하는 그의 마음 어쩜 똑같을지도 모르지.

10월 26일

주님! 무척이나 사랑하고 믿고 있어요. 물론 주님께서 보실 때 너무나 우스꽝스럽겠지요. 주님께서는 그 모든 것을 잘 알고 있는데 마음을 뺏기고 괴로워하는 모습을 보시며 너무도 안타깝고 슬프시겠지요.

11월 3일

해가 지고 있다. 나는 어쩌면 김수미 소설가의 첫 장편소설인 「너를 보면 살고 싶다」의 주인공 영주의 심정과 어쩜 똑같은 가슴앓이를 하고 있는지도 모른다.

11월 6일

오늘은 책을 사러 서점에 다녀왔다. 신문에 신간소개 『날개 없는 새의 짝이 되어』라는 책이 소개되어 그 책 내용이 무척 궁금했기 때문이다.

책의 제목이 우연히도 그가 가장 즐겨 사용하는 용어이기에 더 읽고 싶었다. 그는 항상 맘껏 내 곁에 있고 싶지만 날개가 없어서 안타깝다고 말했다.

"나에게는 날개가 없다. 날개 붙여줄래."

11월 30일

신이 아닌 어느 사람을 사랑한다는 것은 그다지 쉬운 일이 아니다. 정말 나의 마음 같은 이가 이 세상에는 없는 것 같다.

정말 모든 걸 믿고 따르고 싶지만 그렇게 할 수 없는 입장이기 때문이다. 이해는 하지만 나에게는 너무나 가혹한 것 같다.

12월 20일

하나님!

진정 하나님의 사랑을 통해 Q의 사랑을 알고 Q의 자녀가 되었고 또한 Q의 말씀 속에 살아갈 수 있는 특권을 부여받았지만 이제까지의 나의 삶이 어떠했습니까. 진정 주님을 위한 삶인 것 같았지만 생활전체가 모두 나의 육을 위한 삶이었습니다. 그러나 이 와중에서도 항상 두렵고 떨리는 마음은 버릴 수가 없었습니다.

하나님! 이제부터는 정말 욕심 부리지 않겠습니다. 그동안 너무나도 찬희와 먹고 살아야 한다는 강박관념 속에서 주님은 뒷전이고 내 아집 따라 살았음을 시인합니다. 이제 찬희도 어느 정도 자라 엄마의 품만을 그리워하는 것도 아닌 것 같아요. 때때로는 나의 마음을 아프게 할 때도 있어요. 학생으로서 공부를 망각해버린 것을 보면 마음이 터질 것 같아요. 그렇다고 저는 애만 탈 뿐이지 무슨 힘이 있나요.

주님의 방법대로 주님의 뜻대로 양육하세요. 주님의 세계는 분명히 인간의 세상과 다르다는 걸 알고 있으니까요. 항상 동행하는 삶이 되게 하소서. 인도하소서.

12월 21일

다른 날보다도 더 늦게 잠을 잤기 때문에 늦잠을 자야하지만 그 어느 때보다도 일찍 눈을 떴다. 눈을 뜨는 순간부터 내 마음 달려가 머무는 곳은 바로 당신의 그리움이다.

왜 이다지 그리울까. 울고 싶도록 그립고 보고 싶다.

이 글을 쓰기에 앞서 지난해 당신을 만나기 전의 글들을 다시금 읽어 보았다. 어쩜 한 장 한 장 모두가 슬프고 외롭고 괴로움의 연속인지. 분명한 것은 당신을 만난 후부터 내 삶의 패턴이 바뀌었다는 사실은 숨길 수 없다.

나 자신이 나열했던 글이지만 나 자신 또한 놀랐다. 그 외로움과 슬픔 속에서 '어떻게 그토록 살아왔을까'라고 자신도 너무도 뿌듯한 마음이 든다. 그러나 그건 나의 노력도 있었지만 결론은 세월이 흘러주었으니까 그런 나날이 과거로 지나간 것이 아닐까. 그 모든 것들이 흐르지 않고 머무르는 일들이라면 어떻게 살아올 수 있었을까. 극히 바보스러운 성격의 소유자 내가 말이다.

나는 그를 믿는다. 그는 내 마음과 같은 면이 많기 때문에 내가 나 자신을 생각하기 앞서 상대를 돌아볼 수 있는 인격의 소유자라고 믿는다. 그런 인격자는 결코 남에게 슬픔을 주지 않는다는 걸 나는 알고 있다. 내가 이토록 그를 믿는 만큼 그는 결코 나에게 실망과 슬픔 아픔을 주지 않을 것이므로….

12월 27일

나는 그를 사랑하고 있다. 사랑하기 때문에 행복하기만 한 것은 절대 아니다. 사랑하는 것만큼 많은 생각과 번민 속에 나날을 보낸다 해도 과언이 아니다.

하지만 지금의 내 형편이 내 인생만을 위해 즐기며 살 수 있는 시기가 아닌 것 같다. 아직 어린 찬희는 엄마를 송두리째 소유하고 싶어 하는 욕심쟁이요 엄마에게 친구가 생기는 게 싫단다.

여러 가지로 생각해볼 때 내가 그대의 곁에 있음은 무리인 것 같다. 정말 나의 마음에서는 일생을 함께하고 싶지만 그에게 부담을 주는 것 같아 차라리 돌려보내고 싶다.

내 자신만을 위해 그 누구에게 피해를 주고 싶지는 추호도 싫다. 그러나 이제까지 자기가 이야기하는 대로 무리가 되지 않고 부담이 안 되니까 이제까지 온 그대로 가잔다. 나 역시 그렇게 하고픈 마음이지만 때때로는 나에게 주어지는 현실을 나 스스로 감당하기 힘들 때가 있다.

12월 29일

한 해를 보내는 길목에서….

어느 해보다도 다사다난했던 한 해였다고 생각된다. 새해를 여는 문턱에서 한 사람을 사랑한다는 것이 쉽지가 않음을 진정 깨달았다.

나를 침몰하려고 밀려오는 욕심과의 싸움도, 내 마음 같기만을 바라는 순진함도, 현실을 망각 속에 살아가려는 어리석음도, 조용하게 나의 인생만을 위해 살 수 없는 환경들이 나를 이토록이나 바쁘고 괴롭고 슬프게 했던 것이다.

이 해를 통해 나의 삼십대란 나이도 꼬리를 감춘다. 젊음이란 그 이상의 재산이 없다고들 하지만 나는 아낌없이 미련 없이 삼십대를 보내고 싶다.

물론 삼십대 전반적인 모든 걸 아픔이었다고 말할 수는 없다. 삼십대로부터 시작되었던 나의 슬픔들이 끝으로나마 나에게 진정으로 인생을 깨닫게 해주는 이를 선물로 주었기에 결론은 보람이라고 말할 수 있겠지. 진정, 이제까지의 나의 인생을 발판으로 삼고 이제부터 주어지는 하루하루를 멋지게 살고 싶다. 물론 그와 함께 말이다.

그와 함께가 아니라면 어쩜 다시 욕심의 노예가 되어 지저분한 삶, 무서운 삶을 전개할지도 모른다. 진정 그이가 내 마음 주는 범위 내에서 찬희에게도 부모 형제들에게도 나를 아는 모든 이들에게 표본이 되는 삶을 살고 싶다.

지금 내 마음은 그대를 통해 나의 인생관이 완전히 바뀌었다. 때때로 Q께 너무도 게을러 두려움도 없지 않지만 이제부터라도 Q께도 열심히 나아가는 삶으로 노력하며 지금 시작한 공부도 열심히 해서 노후에는 글을 쓰며 Q께 봉사하며 삶을 살고 싶다.

12월 31일

앞으로 세 시간만 있으면 1993년 12월 31일은 다시 돌아올 수 없는 머나먼 여로가 되는 것이다.

또한 나의 30대 청춘도 함께 기나긴 여로로 보내져버리는 것이다. 그러나 조금도 아쉬움이 남지 않는 이유는 30대는 정말 나에게 아픔과 슬픔과 고통을 주었던 시절이기에 다시금 생각하고 싶지도 않고 다시 돌아왔으면 하는 바람도 없다.

다만 40대를 잘 맞이하여 이제까지의 인생이 아닌 멋진 인생을 살고 싶은 욕심밖에는 아무 미련이 없다.

물론 모든 환경을 내 스스로 만들 수 있는 재력을 가지고는 있지만 주위의 환경을 무시해버릴 수 있는 입장이 되지 못해서 결론은 나의 인생이 어떻게 전개될지 나 역시도 모르겠다.

내 인생만을 위한다면 사랑하는 이의 곁에서 욕심 부리지 않고 조용하게 살고 싶은 마음 간절하지만 나의 손을 필요로 하는 아들과 동생, 부모님을 어떻게 해야 할지 나에게 큰 과제가 아닐 수 없다.

잠깐 찬희에게 마음을 돌려볼까. 중2, 14세 찬희의 머릿속에 어떤 생각들이 있을까.

엄마와 아빠에 대한 감정은 어떻게 정리되어가고 있을까. 장래에 대해 어떤 비전을 가지고 있을까. 사실 찬희에 대해 궁금하고 알고 싶고 듣고 싶은 일들이 참 많지만 찬희가 스스로 이야기하지 않는 이상 먼저 말할 수 없어 항상 벙어리 냉가슴 앓듯이 혼자 속상해할 때가 많다.

찬희에게는 지금 시기적으로 보아서도 굉장히 예민한 시기이고 성격면에서도 환경면에서도 굉장히 힘든 것 같다. 어떤 잘못을 꾸짖기 이전에 불쌍한 마음이 먼저다 보니 나와의 사이에는 아직까지 별 큰 문제는 없었다.

먼저 나의 부모님께 감사한다. 내가 경제력만을 위해 뛸 수 있도록 모든 배려를 다하신 부모님이 계셨기에 아직도 부족하나마 오늘이 있는 거라고 생각한다.

이제 부모님께 바라는 것은 더욱 건강하게 오래 사셨으면 한다. 이제까지 고생만 하는 나를 보시면서, 아비 없는 손주 뒷바라지 하시면서 아파하셨던 마음을 풀어드릴 수 있는 날까지 기다려주셨으면 하는 바람이다.

1994년

1월 2일

벌써 새해의 이틀을 맞이했다. 아무런 의미도 없이 흘러버린 시간이 아닌가 생각해본다. 결론은 그이의 목소리도 듣지 못했기 때문이다. 그이의 목소리를 듣지 못한 지가 벌써 6일이나 지나버렸다.

사랑은 곧 슬픔이요, 괴로움이란 걸 알고 있다. 그러나 그를 만나면서부터 자꾸만 무너져가는 자신을 발견한다. 스스럼없이 자신을 잃을 정도로 현혹되고 말았으니 말이다.

진정 사랑이 괴로움이기에 그이의 곁에 머무는 것이 나에게 무리이기에 떠난다 해도 보낸다 해도 후회는 하지 않는다. 나는 진정 내 마음 다하여 사랑했지만 상대에게 짐이 된다든가 상대가 무엇인가 거부반응을 보인다면 나 또한 돌아설 수 있는 용기도 끈기도 있다.

많은 세월을 홀로 살아온 여인이 그런 자존심 그런 끈기 없이 이 험한 세상 어려운 세상에 살아올 수 있었겠는가.

그런 면에는 내 자신이지만 존경스럽다. 어느 교수님이 '실패는 빨리 잊을수록 좋은 것이다. 다시 재기할 수 있는 원동력이 될 수 있으니까'라고 말씀하셨다. 물론 그를 잊는 데까지는 많은 시간도 고통도 필요하겠지. 하지만 진정 내가 가야할 길이 아니라면 가서는 절대 안 되지.

나도 많은 생각을 안 해본 것은 아니다. 한때 나에게 어울릴 수 없는 사람이라는 것도 생각해봤다. 그러나 그건 어디까지나 나 혼자의 생각이었던 것 같다.

아무리 혼자 노력해도 이것만큼은 혼자의 노력으로는 불가능한 일이다. 전부가 감정으로 이루어진 일이니까. 이제부터 마음 쓰지 말자. 그냥 감정에 충실하며 순리대로 따라만 가자.

1월 3일

진정 사랑이란 삶의 활력소임에 틀림없다. 아침 일찍 그의 목소리를 듣자 힘이 절로 났다. 어제도 전화를 했는데 교회에 가고 없었다는 거다.

그는 진정 나의 희망이자 나의 기쁨이다. 이런 기쁨을 우리 나의 사랑으로만이 만끽할 수 있다면 참 좋겠다.

1월 10일

> 하늘가는 밝은 길이 내 앞에 있으니
> 슬픈 일을 많이 보고 늘 고생하여도
> 하늘 영광 밝음이 어둔 그늘 헤치니
> 예수공로 의지하여 항상 빛을 보도다.

나의 주님, 세상을 살아가는 것이 이토록이나 힘들고 고달프고 외로워야만 되는가요. 진정으로 어떻게 살아야만이 Q의 마음에 합한 자로서 기쁘게만 살아갈 수 있을까요.

주님! 그러나 주님이 계시기에 홀로 울며불며 다시금 새 힘을

얻고 살아야만 한다는 집념을 버리지 않습니다. 정말 저를 불쌍히 여기소서. 도우소서. 이 상태로 더 이상 머무르지 않게 하소서. 이 상태로 머물면 머물수록 한없이 슬퍼만 진답니다.

지금 당하고 있는 비자 문제는 어떻게 하시렵니까. 저는 모르겠습니다. 미련하고 보잘것없는 것이 자존심과 교만만을 내세우는 심정에서는 아무것도 해결날 것 같지도 않고 이 상태로 오래 머물게 되면 일본 쪽에서의 일어날 일들도 조국에서 일어날 일들이 아찔하기만 합니다. 결국에는 Q 영광가리고 내 인생 실패하여 나로 인해 찬희는 더욱 불쌍한 인생을 살아야하지 않겠습니다.

주님! 찬희를 사랑하시지요. 찬희 장래를 위해서도 돈이 필요해요. 돈을 위해서 떠나야 합니다. 지금의 생활로는 찬희와 함께 생활한다는 것이 우리에게는 무리에요.

주님! 빨리 해결해주세요. 제가 지금 금식하고 있는 것. 동생 식구들이 다 알고 있어요. Q의 능력을 이들에게도 보여주세요.

1월 19일

사랑하는 그의 곁으로 온 지도 벌써 며칠이 지났다. 맘껏 보고 맘껏 곁에 있을 수 있기에 마음이 흐뭇하다.

물론 한 가지 아픔은 있지만 그런 것은 내 스스로 이기려고 노력한다. 모든 조건이 허락하지 않는 여건 속에서 이루어진 관계인 만큼 내가 이 이상 욕심을 부린다면 안 되기에 그런 욕심은 버리고 그이에게 피해가 가지 않는 선에서 그이의 곁에 있고 싶다.

행복이란 것은! 자기가 행복하다고 느끼는 것 자체가 행복인 것 같다. 아무리 좋은 환경 속에서 남들이 부러워할 만큼 살고 있다 해도 본인 자신이 만족해하지 못하고 불행하다고 생각한다면 불행한 것이다. 그는 정말 훌륭한 분이라고 생각한다. 인격도 성숙도 있고 인간성도 되어 있는 분이다. 한마디로 말하자면 인간 승리자 성공자라고 말하고 싶다.

그를 한없이 존경하고 싶다. 곁에 머물고 싶다. 이대로 머문다 해도 결코 나에게 슬픔을 주지 않으리라 믿는다. 그러나 인간이기에 나에게는 불안감이 없는 것도 아니다.

나는 가정의 실패자이기 때문이다. 그러나 모든 걸 믿고 싶다. 무작정 믿고 싶다.

1월 20일

정말 후회하지 않을까! 결코 후회하게 하지 않을 거라고 믿는다. 오늘도 그이의 따뜻한 마음을 받았다. 여기까지 생각지 않았는데 이렇게 내 마음 알아주어 한없이 고맙고 미안했다.

내 입에서부터 말하기 전에 모든 걸 알아서 해주니까 나로서는 미안한 마음뿐이다.

요즈음 내 생활로는 미안한 마음뿐이다. 그저 먹고 사는 생활인고로. 그대에게 고마울 뿐이다.

2월 19일

이 세상에 부모의 사랑은 어디에도 비할 길이 없으리라. 물론 자식을 버리는 인간 이하의 부모도 있는가 하면 우리 부모처럼 내 마음을 조금이라도 알아주는 부모가 있기에 나는 행복하다. 물론 나의 문제를 해결해줄 수 있는 입장은 되지 못한다 하더라도 어느 정도는 위로가 되고 힘이 된다.

나 나름대로 힘겹게 살아가고 있지만 그 와중에서도 부모, 형제에게 미안한 마음이다. 그러나 나는 원래의 나의 성격도 있지만 Q를 두려워하고 살아가고 있기에 사람들 눈에는 바보처럼 보일지도 모른다.

어쩔 수 없다. 사람들 눈에 어떻게 보이든지 간에 나 나름대로 Q 보시기에 부족하나 보다. 노력하는 모습을 보여드리고 싶다.

주님! 항상 내 마음은 젖어있어요. 그 누가 자극을 주지 않는데도 병적이리만큼이나 우수에 젖어버리고 말아요. 나의 생활 하나하나가 주님 보시기에 아름답게 전개되기를 기도합니다.

주님! 찬희도 많이 사랑하시지요. 물론 태어날 때 자기의 운명은 정해진 상태라 해도 주위의 사람들로 인해 잘못 전개되는 운명 또한 있잖아요. 부족하나마 엄마의 위치를 상실하지 않으려고 발버둥치고 노력하지만 찬희의 눈에 비친 엄마의 모습은 어떻게 보여질까요.

주님! 저의 마음을 십분의 일이라고 알 수 있는 찬희가 되게 하시고 찬희에게 슬픔을 준 이들이 자신을 깨달아 알게 하시고 Q를 발견케 하옵소서.

주님! 슬픈 마음 위로하시고 인도하소서.

*오사카에서 한국으로 오는 비행기 안에서 잠깐 마음을 달래려 몇 자 적었다.

3월 11일

10여 일이란 사이 너무나도 분주했다. 먼저 넓고 깨끗한 집으로 이사도 했고(3/5) 비자문제도 이젠 일단락되었고 해서 이젠 마음이 조금 편안해졌다.

4월 3일

이제 이틀만 있으면 다시금 그의 곁에 갈 수 있지만 하루만이라도 너무나 지루함을 느낀다. 그러나 때로는 일 때문에 떨어져 있어야 하는 아픔도 이겨야 하는 입장 때문에 보내야 하는 아픔도 이겨야 한다. 이런 아픔이 있다지만 헤어지는 아픔보다는 가볍다고 생각하기에 행복하다고도 느낀다. 나는 진정 그를 사랑한다. 점잖고 자기의 책임을 확실하게 하는 그의 그런 점들에 나를 현혹되고 말았다.

4월 8일

이제 동생도 떠나버리고 이제부터는 둘만의 일들이 남아있을 뿐이다. 맘껏 사랑하고 맘껏 행복할 수 있는 나날이 되도록 최선을 다해 노력하겠다. 어차피 여러 가지의 아픔을 통해 이제 많이도 강해진 시점에서 맘껏 사랑하고 믿을 수 있는 사람이 옆에 있는데 더 이상 무엇을 바라리오. 다만 이 사랑이 깨어지지 않도록 식어지지 않도록 서로가 가꾸어 나가는 것이 두 사람의 과제인 것 같다.

4월 9일

오늘은 당신의 목소리를 듣지 못한 채 벌써 3시가 되어가고 있군요. 아침 일찍부터 시장에도 가고 세탁소도 가고 분주했지만 어딘지 모르게 쓸쓸한 마음입니다. 하루하루가 당신을 통한 행복이었기 때문에 당신의 목소리를 듣지 못한 날은 이다지도 외로움을 느끼는지도 모릅니다.

저는 이대로 밤에 일하지 않고 평범한 주부로 살고 싶어요. 일이라고 나가면 유혹의 손길이 있는가 하면 먹기 싫고 하기 싫은 말도 해야 하는 여러 가지의 어려움이 있기 때문이에요. 물론 여러 가지의 어려움 또한 이길 수 있지만 행여나 내 자신에 저버릴까 하는 두려움도 없지 않아요.

당신은 지금 무얼 하고 계세요?

4월 12일

모든 이들이 잠든 시간임에도 이른 잠을 청하지 않고 잠깐 당신에게 나래를 펴봅니다.

세상에는 여러 종류의 사람들이 살아가고 있다지만 조그만 모퉁이의 이 세계는 더욱이나 별난 세계가 아닌가 싶어요. 찢기고 상처를 주고받는 이들이 발버둥치는 세계인만큼 무서운 세계이고 우스운 세계인 것 같아요. 그중에 속해있는 한 사람으로서 순간 여러 가지 생각을 할 때 정말 가슴도 아프고 어찌해야 좋을지 암담함도 느껴요.

당신은 나의 마음 어디에서 어디까지 알고 계십니까. 진정 당신이 나의 마음을 알고만 계시다면 진정 나에게 상처는 주지 않으리라 믿어요. 그렇기에 남은 나의 행로도 이렇게 바꾸어 가면서까지 당신 곁에 있을 수 있는 거에요.

당신은 진정 세상의 책임감 없는 속된 남자가 아니니 이런 속내를 말하네요. 출장 잘 다녀오세요.

4월 17일

이 세상에는 너무도 훌륭한 인재들이 많은 것 같다.

남녀노소 모인 검정고시장을 바라보며 새삼 느꼈다. 나만이 배움에 대한 탄식이 있었나 하지만 나 말고도 너무도 많은 사람들이 있었다. 배움이란 나이가 들면 들수록 더욱 갈망하게 되는 길인가 보다. 늦었다고 생각할 했지만 모든 것들이 나에게 조화를 이루며 다가온 것이니 만큼 소중하다.

그중 현에게 더욱 고마움을 느낀다. 특별히 시간 써주고 도와주었기에 말이다. 더욱 열심히 도전해 보자.

4월 29일

무척이나 울적한 마음이다. 눈물이 마구 쏟아질 것 같은 기분이다. 찬희도 많이 보고 싶어진다. 옆에는 그 아무도 없고 다만 혼자 이런저런 생각을 하니까 너무도 쓸쓸하다.

5월 3일

주님! 너무나 외롭고 슬픕니다. 나의 인생이 이다지 외롭고 슬픔의 길일 줄 진정 미처 몰랐지요.

주님! 이제까지의 길이 이토록 쓸쓸한 길이었지만 주신 찬희도 있고 하니까 너무도 열심히 강하게 살려고 발버둥치고 또 치며 주님의 자녀로서의 자리도 지키려고 무척이나 애쓰며 살아왔음을 주님께 고백합니다.

주님! 이제부터의 나의 인생 어떡하면 좋겠습니까. 무척이나 좋은 사람이라고 생각하고 일생 따르며 곁에 있고 싶은데 너무나 홀로 내버려둘 때가 많아요. 그럴 때는 너무나 외롭고 슬퍼요. 물론 나의 생각과 하는 일이 무척이나 어리석다는 것 잘 알고 있지만 어찌 할 수가 없어요.

주님! 정말 불쌍히 여겨주세요. 울고 싶어요. 마구 마구 말이에요. 주님의 사람으로 만족할 수 있는 삶을 살 수 있게 하소서.

5월 7일

오늘은 한나를 만났다.

그는 진정 좋은 친구라고 생각한다. 그를 알게 된 지 어언 11년이란 세월이 지나 나를 어느 정도 이해하고 나도 그에 대해 어느 정도는 알 수 있기에 이제까지의 친교가 이루어지고 있는 게 아닐까 싶다.

특히 신앙면으로 나를 붙잡아주고 항상 좋은 얘기로 나를 위로해 주고 이해해 주는 편이다.

우리는 11년이란 세월 속에서 아름다움의 추억 또한 많다. 국립묘지 잔디에 앉아 찬송가를 불렀고 아카데미하우스 캠퍼스에 앉아 찬송가를 따라 불렀던 때가 나에게 가장 아름다운 추억으로 간직되어 있다.

때때로 너무나 괴로움에 눈물 흘렸을 때도 나와 한마음이 되어 위로해 주고 함께 아파해 주었던 그 마음을 지금도 잊을 수 없다. 그는 진정 좋은 친구이다.

가식이 없는 순수하고 참된 친구이다. 고이 간직하고픈 친구이다.

5월 9일

나의 소중했던 물건들을 다시금 정리했다. 그동안 찌든 생활 속에 있는지 없는지조차 모르며 살아 왔다. 이번에 찬희의 소지품들을 보면서 다시금 목이 메는 것을 느꼈다.

그래 내 인생은 괜찮다. 고달프면 고달픈 대로 순간이라도 행복하면 행복한대로 물이 흐르듯이 살아가는 인생이다. 하지만 찬희에게는 미안하고 애처로웠다. 부모 잘못 만나 소중한 물건들이 창고 신세를 면치 못하였으니 무척 안쓰러웠다.

진정 언제인가는 꼭 이 꿈을 이루어주리라. 가능한 한 빨리 이루어질 수 있도록 노력하겠지만 늦더라도 꼭 이루게 하리라고 다짐한다.

5월 10일

잠깐 한나를 생각한다.

그는 진정 좋은 친구라고 생각한다. 세상과 더불어 사는 삶이 아니고 오직 주님을 위한 삶을 살고 있는 모습을 보면 더욱더 존경스럽다.

한번 준 마음 변할 줄 모르는 친구라고 생각한다. 이토록 마음이 괴롭고 슬플 때는 더욱더 생각나는 친구이다. 그를 통해 많은 위로도 받았고 그의 대화를 통해 내세의 소망도 다시금 불러 일으켜준다. 그는 진정 귀한 친구라고 생각한다. 변치말자.

나 역시도 좋은 친구를 잘 관리하고 잃지 않도록 노력하겠다.

5월 21일

인생이란!

잘나면 잘난 대로 못나면 못난 대로 모든 이들이 최선을 다하면서 즐겁게 사는 것이 멋진 삶이라고 생각한다.

홀로 공원 앞을 지나면서 정말 평화로운 광경을 보았다. 남들이 보기에는 천하고 보잘것없는 인간들에 불과한 사람들이지만 그들을 통해 내 자신을 잠깐 돌아보았다.

그들은 노숙자다. 직업도 집도 없는 거지다. 그렇기에 물론 내일을 위해 준비된 생활이 아닐지라도 너무나 평화롭고 여유로운 정경이었다. 평소 생각했던 것과는 아주 다른, 의외의 모습이었다.

다 헤어진 소파이긴 하지만 그곳에 앉아 비둘기들을 부르며 먹이를 주는 이들. 그늘에 누워 낮잠을 자는 이들. 그 얼마나 평화롭고 아름다운 광경인가. 아무리 돈이 많아 부자라 한들 이런 정서 속에서 이 풍요로움 속에서 비둘기에게 먹이를 주며 기쁨을 만끽하며 살았던 시절이 있었는지.

먼저 내 인생부터 돌이켜 보았다. 나는 이들보다 더 못한 삶을 영위하고 있는지도 모른다. 항상 무엇인가에 쫓기며 살았다. 비둘기들에게도 먹이를 줄 수 있는 너그러운 마음씀이도 누려보지 못했다. 이제라도 소소한 기쁨을 누리며 살고 싶다. 공원에 앉아 자연을 즐길 수 있는 정서 속에 살고 싶다.

진정 무엇을 위해 이다지도 바쁘게 살아가고 있을까. 다시금 생각해보자.

나의 인생이 무엇인가를 더욱 불쌍한 사람으로는 남지 말자. 이제부터라도 늦지 않았으니까. 내 인생 내가 알아서 나의 행복을 위해 살자.

오늘의 기쁨을 위해 투자하자. 너무나 힘겹게 살지 말자. 앞도 뒤도 옆도 바라보지 말고 내 자신만을 바라보며 살자.

5월 26일

친구 정녀를 만났다. 내가 생각했던 정녀가 아니었다. 그동안 전화를 통해 이런저런 얘기를 들었기 때문에 친구로써도 무척이나 걱정이 되었다.

무척이나 야위어 있을 거라고 생각했는데 그 생각은 단순한 나의 생각이었다. 전보다 더 뚱뚱해져있고 더 예뻐져 있는 정녀를 보면서 내 자신을 생각해 보았다.

어쩜 정녀의 생각이 현명한지 모른다. 자기의 인생을 즐기며 살아갈 수 있는 여유를 가지고 있기 때문이다. 너무도 똑똑하다고 생각한다. 그러나 정녀가 앞으로 미국으로 떠나기로 결정한 데에 대해서는 조금은 걱정이 된다.

지금 세계적인 불황으로 미국에서도 고생들을 한다는 여러 얘기를 들은 나로서는 걱정이 된다. 그러나 어쩜 정녀처럼 단순하게 사람을 믿어버리는 낙천적인 성격이 살아가는데 있어서 편할지도 모른다. 그러나 아무리 생각해도 마음속에서 떨쳐버릴 수 없는 것은 바로 정녀가 믿고 사랑하고 있는 '운'이라는 사람의 정체를 알고 싶다. 정녀 역시 깊이까지는 모르면서 따르고 있다는 자체가 영 마음이 놓이질 않는다.

외국생활이라는 것은 우리가 우리나라에서 살아갈 때 생각지도 못했던 큰 문제들이 닥쳐오는 이런저런 사소한 일들까지 말을 하게 되면 정녀의 마음이 불편할까봐 더 이상 말을 하지 않았다.

진정으로 성공을 빈다. 행복을 빈다. 변치 말고 영원한 벗이길 빈다. 항상 만날 때마다 웃으며 얘기할 수 있는 여유 있는 삶을 영위하기를 빈다.

정녀, 정말 굳세게 살아다오. 변치 않는 우정이길 노력하자.

5월 30일

그를 사랑하면 사랑하는 만큼 왜 이다지도 그에게 얽매이는지 모르겠다. 내 스스로 얽매이기 때문에 그를 미워할 수 없다. 그는 훌륭한 사람이다. 인격, 인간성, 책임감. 그러나 나에 대한 책임은 어디까지일까. 항상 나의 마음 한구석에 걱정으로 들어오는 부분이 바로 이것이다. 세상 끝날 때까지라고 얘기했지. 믿고 싶다.

6월 5일

내 인생을 되돌아볼 때마다 잘못 살고 있는 것이 아닌가 생각하지만 조병화 시인의 글을 읽을 때마다 느끼는 것은 조금의 뿌듯함이다. '아, 내 인생도 결코 실패의 인생은 아니구나'라고 생각한다.

그분은 진정 멋진 분이다. 자기의 인생을 위해 굳힘 없이 자신의 꿈을 키우고 즐기며 남에게 슬픔을 주지 않는 삶을 살고 글을 통해 많은 이들에게 큰 기쁨을 준다. 그분이 한없이 존경스럽다. 언제나 그분의 글을 읽을 때마다 느끼는 감정이지만 정말 한 번만이라도 만나 대화하고픈 마음 간절하다.

어쩜 그런 멋진 글로 내 마음을 사로잡을 수 있을까. 한 번쯤 만나보고 싶다. 나도 그런 멋진 글을 쓰고 싶다. 진정 나의 인생이 끝나는 그날까지 내 마음을 진정한 글로 표현하고 남기고 싶다.

그러나 나 홀로는 좀 자신이 없다. 많은 자서전들을 읽고 할 때마다 약해져버리는 나의 못난 인생. 이런 감정을 느낄 때는 내 마음 쓸쓸해지고 초라해지고 슬퍼진다.

6월 15일

하나님! 저를 사랑하고 계시는 것 저는 잘 알고 있어요.

정말 잊을 수가 없어요. 항상 주님과 더불어 사는 삶은 못 되지만 때때로는 눈물겹도록 고마움을 느끼곤 한답니다.

물론 처음부터 하나님의 사랑을 통해서 나의 오늘이 있다는 사실도 믿고 있기에 정말 감사하고 있어요. 때때로 하나님의 사랑을 되돌아보면 정말 감격하며 감사함을 느낍니다.

비자문제 때문에 그토록 애타며 매달렸던 것에 응답하심에 감사합니다. 더욱 함께하소서. 교회 꽃꽂이도 열심히 봉사하겠습니다.

6월 20일

지금 이리에서 서울로 가는 기차 안에서 몇 자를 쓰면서 당신께 향한 마음을 표합니다.

정말 당신을 너무나 많이 사랑하고 있지만 때로는 나의 마음이 괴로워질 때도 있답니다. 물론 당신은 그만큼 가정을 중요시하고 책임감이 있는 분이기에 좋아하게 되어버렸지만 정말 마음이 아플 때가 있답니다. 당신을 사랑하고 있다는 것은 보통 일이 아니니 어떡하면 좋을까요.

마음이 맞는 동반자를 만나 함께하기 위해 많은 시간을 보냈는데 왜 나는 사랑하는 것도 이리 힘든지요. 인생은 정말 어렵습니다.

6월 29일

오늘은 38번째 맞이하는 나의 생일이다. 그다지 길지 않은 인생사이지만 정말 이런저런 여러 가지의 인생의 맛을 보며 살아온 오늘이다. 쓰디쓴 인생의 맛을 느끼곤 했지만 진정 어느 누구를 원망하지 않는다.

내 편에서 볼 때 나의 인격이 성숙되지 못했으므로 여러 가지의 고난이 있었다고 본다. 그로 인해 나 자신 스스로 반성하며 나의 인격의 성숙을 위해 노력하며 산다. 또한 가정의 불화를 통해 오늘의 기쁨도 맞이할 수 있는 길이 열린 것 같다.

물론 맘껏 사랑할 수 없는 사랑이기에 마음의 한구석에는 아픔이 있지만 최선을 다해 사랑하는 이에게 피해가 가지 않도록 노력하며 산다. 진정 앞으로의 내가 추구하는 인생관에 그이는 나에게 큰 힘이 되고 있다. 그렇기에 한 편의 아픔도 참아가며 이 생명 다하는 그날까지 그이의 곁에 있고 싶다. 그는 진정 나의 큰 힘이요 기쁨이요 행복이다. 38번째 생일을 맞이함에 그이의 사랑을 받으며 행복에 젖어든다.

6월 30일

나의 큰 힘이었고 나의 소망인 찬희. 국제전화를 통해 목소리를 들었다. 무척이나 반갑고 기뻤다. 어제가 엄마의 생일이었기에 전화를 했단다. 그 고통의 많은 나날 속에 아들인 나의 찬희는 나에게 얼마나 큰 힘이었다.

정말 때때로는 죽고 싶을 정도로 괴롭고 슬펐던 일들도 찬희가 있으매 강하게 살아갈 수밖에 없었던 나날이었다.

진정 아들에게 고마움을 느낀다. 우등생은 아니더라도 흐트러짐 없이 생활하는 나의 아들 찬희가 고맙고 예쁘기만 하다. 세상에 둘도 없는 나의 아들, 사랑하는 내 아들 찬희.

7월 11일

잠깐의 짬 속에서도 그를 그리워한다.

왜? 내가 그를 이토록이나 좋아하게 되었을까? 그의 곁을 떠나온 지도 7일째 그를 생각하면 정말 눈물겹도록 보고 싶다.

왜? 진정 이토록 좋아하게 되었을까. 정말 보고 싶다.

우린 서로가 여기까지 오면 안 되는데 지금으로서는 어찌할 수 없다. 안타까움도 아쉬움도 모두 억제해야만 하는 위치가 되고 말았다.

모든 조건은 무시해버린 채 무작정 마구 좋아해버린 지금 그것을 운명이라고 해야할지….

8월 4일

무엇이라 말할 수 없다. 그저 참고 하루하루 열심히 살 수밖에는…. 사랑하고 있기에 사랑이란 것이 이토록이나 무서운 것임을 진정 몰랐다. 이토록 무서운 사랑을 하게한 자체가 훌륭하지 않을까. 내 자신 잘 안다. 나 나름대로 살아가는 방법도 꿈이 있기에 어지간해서는 이토록 빠져들지 않는다.

하지만 너무나 빠져들어 버린 것 같다. 그러나 후회하지 않는다.

8월 8일

그는 진정한 인격자이다. 멋쟁이이다. 물론 이 세상 살아가는 사람들의 모습은 다양하지만 그 꿈의 뜻이 맞고 마음이 맞고 건강이 따라준다면 그 이상의 행복이 어디 있을까. 그를 통해 날마다 나는 행복하다고 고백한다.

그러나 어딘지 모르게 아픔은 왔다 가지만 그 아픔은 처음부터 서로가 알면서 선택한 길이니까 서로가 노력하며 살아갈 수밖에 없다.

8월 28일

성규는 멀리 중국으로 떠났다. 22일 날 와서 일주일 정도 묵고 공부를 위해 중국으로 떠났다. 마음 한구석에서는 섭섭한 마음이 컸다. 형제라는 것이 이런 것인가 보다. 때때로는 밉고 야속하지만 맘껏 해서 보내지 못한 마음이기에 영 섭섭했다.

하지만 현재 내 위치에서 어쩔 수 없고 이제는 형제를 위해

무리까지는 하고 싶지 않은 것이 나의 솔직한 심정이었다. 내 인생이 더 가엾고 불쌍하기 때문이다. 이제라도 내 인생 내가 귀하게 여기며 멋지게 살고 싶다. 열심히 살자. 초라한 미래를 맞이하지 않도록….

9월 1일

내가 네게 가까이 하지 않는 까닭은 내겐 네게 줄 아무것도 없기 때문이다. 내가 이렇게 네게서 멀어져가는 까닭은 내가 감내할 수 없는 것을 너무나 많이 너는 가지고 있기 때문이다. 내가 영 너를 잊고자 돌아서는 까닭은 말려들 아무런 관계도 없는 곳에서 어지러운 나를 건져내기 위해서이다. 이렇게 혼자 내가 떨어져 있는 까닭은 가진 것도 없고 머물 곳도 없지만 한없이 둥둥 편안하게 떠 있을 수 있기 때문이다.

터무니없이 오만한 너의 인간의 자리 허영의 자리 부질없는 자리 너의 거드름을 피하여 이만큼 떨어져 있는 자리. 아이 무구 무한한 하늘 내가 너를 멀리하고자 하는 까닭은 가진 것도 머물 곳도 없어도 홀로 마냥 떠 있을 수 있는 넓은 그 하늘이 있기 때문이다.

그지없이 외롭다 해도 한없이 적막하다 해도 맥없이 넓은 이 자유. 내가 영 너를 잊고자 하는 까닭은 네게 줄 아무것도 내겐 없기 때문이다.

서울의 현으로부터 받은 시집 조병화『구름으로 바람으로』중에서의 내용이다. 정말 감동적이다. 눈물이 날만큼 사랑에 갈망하고 있는 마음을 너무나 잘 표현한 것 같다.

9월 23일

어젯밤 꿈에 보았다. 꿈에서의 모습을 통해 그대의 마음을 읽을 수 있었다.

그는 남자이고 내 곁에 올 수 있는 입장이 아니기에 눈에서 나오는 눈물을 참느라고 애쓰는 모습. 진정 그것이 나에게 향한 사랑이 아닐까 싶었다. 불쌍했다. 떠날 수가 없다고 생각했다. 그럼 앞으로의 관계를 더욱 어떻게 할 것인가. 나도 모르겠다. 날마다 지혜를 짜보는 수밖에는.

11월 29일

주님!
사람이 살아가는 데는 무능무지한
괴로움과 슬픔
결국에는 상처투성인 상태에서
인간의 종말을 맞이하는 게 아닐까요.
주님!

세상 사람들의 마음은 정말 알 수 없어요.
물론 저 역시도 그중 한 사람이지만은요.
항상 실망 속에 슬픔 속에
살아가는 것 같아요.
주님!
저를 사랑하시지요.
저도 주님 좋아해요.
더욱 주님의 사랑으로 만족할 수 있는 믿음 주세요.
주님!
세상에는 저처럼 사는 사람들은
정말 바보래요.
저는 어떻게 살면
주님께 영광이요. 정말
인간의 세상에서도 승리자로
살 수 있을까요.
정말 슬프고 쓸쓸해요.
주님!
도우소서
불쌍히 여기소서.

- 연주의 마음을 보면서

1995년

1월 1일

어언 40년이란 인생의 행로를 걸어오면서 매년 남는 것은 슬픔과 아픔 상처뿐이었다. 한 사람 한 사람을 통해서 당하는 배신감. 진정 내 힘으로는 '이 세상을 헤쳐 나갈 수 없다'라고 날마다 부르짖지만 여기서 포기할 수도 없는 인생인 걸.

95년을 맞이하면서 무엇인가를 생각해볼 수 있는 여유도 없었다. 날마다 쫓기는 나날이었다.

94년은 유난히도 분주했던 한 해였다고 생각된다. 비자 문제도 있었고 찬희 고교입시 문제도 있었기 때문이다.

정신적으로 무척이나 피곤했다. 그러나 두 가지 모두 은혜롭게 잘 마무리 되었고 내가 해야 할 일이라면 다만 주님께 더욱 가까이 가는 것뿐이 내가 살 길이라는 것임을 절실히 느낀다.

이제부터라도 깨어 기도하지 않으면 안 되리라. 또 진정으로 후퇴하는 삶을 살아서는 절대 안 되리라.

지난 과거 때문에 우는 것은 바보들이 하는 짓이다. 울지 말고 굳세게 살자. 자존심도 버리고 목표를 위해 참고 견디자.

아무리 어렵고 고달프다 해도 나에게 주어진 인생, 가지 않으면 안 된다. 단지 나 혼자만의 인생이 아니기 때문이다.

우리 찬희의 인생도 걸려있다. 진정으로 갈 길을 몰라 애타할 때 주님께 의탁하자. 기도하고 한 걸음 한 걸음 물으면서 가자.

일단 무리한 생활은 하지 말자. 굳세게 살자.

2월 10일

찬희가 중학교 졸업을 했다. 찬희의 졸업을 통해 마음속에 희비가 교차된다. 자식이란 것이 무엇이며 부모가 무엇인지…. 졸업을 축하하기 위해 현해탄을 넘는 모정.

정말 찬희는 많이도 컸다. 오늘이 있기까지 할머니, 할아버지의 수고가 있었음은 숨길 수 없는 사실이다. 나의 부모님께 정말 감사한다. 왠지 쑥스러워 표현할 수 없지만 정말 감사한다.

일본으로 떠나오기 전날 밤 찬희와 대화를 했다.

찬아! 아빠에 대해서 어떻게 생각하니?

때때로는 생각이 난단다. 물론 생각이 나겠지. 그게 정말 찬희의 솔직한 심정이겠지. 나는 찬희에게 이렇게 말했다.

찬아! 네가 엄마의 마음을 이해하기에는 좀 시기상조인 것 같아서 다 말할 수는 없지만 언젠가는 엄마와 아빠의 처음과 과정 그리고 끝을 전하고 싶단다.

엄마와 아빠 어느 한쪽이든 나빠서 이렇게 되었다고는 하고 싶지 않다. 다만 '서로 맞지 않았을 뿐이야'라고 밖에.

그러나 우리가 찬희에 대한 책임의식만 조금 더 강했다면 찬희의 성장과정이 이러지 않았을 거라는 아쉬움은 가지고 있지. 엄마로서는 한없이 찬희에게 미안한 마음이기에 아빠의 몫까지 최선을 다하려고 하지만 얼마만큼 잘하고 있는지는 나도 모르겠어.

찬아! 네가 그리워하는 것만큼 아빠도 너를 그리워하고 있을 거야. 부모와 자식의 정은 끊을 수 없는 거잖아. 하지만 절대 찬희가 먼저 찾으면 안 돼. 그리고 용서는 할 뿐 받아주면 안

만리장성에서

돼. 결국에는 내 사랑하는 아들에게 짐이 되는 일을 나는 보고 싶지 않아.

묵묵히 듣고 있던 찬희가 나를 껴안으며 한마디로 말했다.

"엄마! 걱정하지 마세요. 난 엄마와 함께 살 거에요."

찬희는 정말 어른스러워졌다. 눈물도 보이지 않았고 목소리도 흔들리지 않았다. 그 모습이 좋았다. 정말 앞으로도 더욱 강하고 착하게 자라줬으면 하는 마음이다.

5월 25일

나는 그를 진정으로 사랑한다. 인격, 성격 또한 여러 면으로. 하지만 옆에 마냥 있을 수 있는 사람이 못 되기에 괴로워도 했고 눈물도 많이 흘러야했다.

그가 곁에 있을 수 있는 자격이 된다면 나는 아무것도 생각지 않고 묵묵히 살아갈 수 있다. 하지만 괴로움과 갈등들을 갈무리하기에는 여간 힘든 일이 아니다.

7월 17일

어쩜 이것이 나의 운명. 하나님의 사랑이 아닌가 싶다.

그이와는 이제 올 때까지 온 것 같다. 물론 쓸쓸하고 허전하다. 그러나 참아야 한다. 내가 가야할 길이 있다. 나는 진정 그이를 사랑하기 때문에 내가 가야할 길마저 포기하고도 싶었다.

하지만 안 된다. 어쩜 주님의 예정 가운데 이루어지는 일이 아닌가 싶다.

9월 5일

나도 모르게 섬찟했다. 점점 이 세계에 물들어가는 것은 아닌지 무척이나 두렵고 떨린다. 여기에서 욕심 부리고 만족해버리면 안 되는데 이제는 술도 한 잔씩 제법 마신다.

그런 자신을 생각하면 정말 자신이 두렵다. 진정으로 두렵다.

앞으로는 어떻게 해야할지 모르지만 될 수 있는 한 하루라도 빨리 청산하는 길이 현명하지 않을까.

9월 28일

당신은 일 관계로 3월 4일 멀리 다녀오시겠다고 가셨지만 정말 눈물이 나도록 외롭습니다. 물론 당신의 사정도 있는 것 잘 알고 있지만 참기 힘이 듭니다. 그렇다고 당신을 원망하진 않아요. 내가 좋아서 당신 곁에 있는 것이니까요. 세상에서 가장 존경하고 믿고 싶은 분은 오직 당신뿐이니까요. 한때는 너무도 힘이 들어 차라리 당신 곁을 떠나려고도 했지만 그럴 수가 없었어요. 이제는 남은여생을 당신 곁에 있기로 결심했어요.

일을 통해서 여러 사람들과의 만남 중에서도 너무나 보고파지는 심정은 무엇 때문인지요. 나도 잘 알 수 없어요.

11월 14일

잊으려 해도 잊을 수 없어 괴롭고, 곁에 있자니 만족할 수 없어 괴롭고, 어찌해야 좋을지 알 수 없는 내 심정. 세월이 말해 줄 때까지 기다린다는 것은 여간 힘든 일이 아니다. 물론 사랑해서는 안 되는 사람을 사랑한다는 자체가 죄이고 괴로움이라는 것 너무나 잘 알고 있지만 잊을 수 없고 떠날 수 없는 것을 어떡한담.

어쩜 나의 합리적인 생각과 우연의 일치일지 모르지만 생활의 흐름을 보면 너무나 흐뭇하리만큼 잘 맞는다. 사랑할 수 있는 자격은 없지만 훌륭한 사람이라고 생각한다. 그렇기에 떠날 수

없고 미워할 수 없는지도 모른다.

물론 지금의 상태에서는 아무것도 되지는 않는다. 할 수 없다. 이대로 가는 수밖에는. 가다보면 무슨 길이 또다시 있지 않을까.

11월 19일

나는 그를 정말 사랑한다. 숨길 수 없는 사실이다. 어떻게 이 많은 세월동안 한 치도 변함없이 사랑할 수 있을까. 물질적으로 만족한 것보다 일단 마음의 평온을 주는 사람이다.

1996년

1월 5일

쓸쓸함과 두려움과 여미는 마음으로 새해를 맞이했다.

예년과 달리 더욱 사람이 무서워진다. 그렇다고 그를 미워할 수 없다. 단지 그 모든 것은 나의 선택이었으니까.

0시 예배에서 주님께서 가르쳐주심 같이

카이로스의 시간 속에 살고 싶다.

카이로스의 시간은 즉 새로운 시간이다.

더욱 열심과 겸손 속에 살자.

96년 목표는? 열심과 겸손이다.

1월 29일

너무도 분주한 한 주간이었다. 찬희의 생일, 그이의 생일. 어느 한쪽도 소홀히 할 수 없는 이들이기에 무척이나 바빴다.

오늘같이 한가한 날이 연속된다면 물론 따분하고 쓸쓸하겠지.

2월 5일

너무도 황홀했다. 몇 년 만인가. 슬픔도 외로움도 참고 견딘 보람이 오늘을 통해 기쁨으로 변했다.

여기는 아름다운 바다 도바, 오랜만에 한가로움을 즐긴다.

4년여, 그동안 많이도 슬펐고 외로웠고 어려운 생활이었지만 오늘 하루만은 모든 것 다 잊고 행복하기로 한다. 그와 함께.

맛있는 요리, 아름다운 바다, 이 행복감이 내 삶에 오래도록 간직되었으면 한다.

3월 14일

나는 정말 나쁜 여자이다. 나의 편안과 안일을 위해 어린 자식에게 이별의 아픔을 주고 오늘도 떠나는 나, 가슴의 미어지는 반성을 한다.

입으로는 너를 사랑한다고 하지만 어쩜 엄마는 엄마 자신을 더 사랑하고 있는지 몰라.

찬아! 용서를 빈다.

내일 일본으로 가기 위해 서울 가는 기차 안에서 이 글을 쓴다.

(성규 결혼식)

4월 14일

이젠 뭔가 결정을 해야 할 때가 된 것 같다. 하나님의 사랑과 하나님의 뜻 가운데의 은혜가 아닐까 싶다.

6월

이 세상에 누구를 믿고 사는 것이 가장 현명한 삶일까.

사람들을 믿으면 믿는 것만큼 실망이 오고 그렇다고 혼자 살 수 없는 세상 더불어 사는 인생인 걸.

그래!

하나님과 함께 사는 삶이 가장 복된 삶이요 값진 일이다. 하나님을 아는 지식이 가장 고상한 지식이라고 성경 말씀은 가르치시고 계신다. 그 가르치심에 따라 살자. 복되게 살자.

1997년

먼저 새해의 큰 보람은 새해의 첫 예배를 우리 아들 찬희와 함께 하나님께 드렸다는 것이다.

우리 찬희도 어언 성인이 된 것 같다. 물론 아이를 키워주신 부모님의 고생이 컸지만 찬희도 믿음직스럽게 잘 커준 것 같다.

그리고 주위의 모든 형제들에게 감사한다. 그렇지만 모든 것이 이제부터 본격적으로 시작되는 것이다.

이제 찬희가 고3년, 군대, 취직문제. 찬희의 장래에 따라서 나의 행복도 즐거움도 펼쳐질 텐데 어떻게 해야 될 지 하나님께 하나하나 상의해 가면서 한 발 한 발 디뎌 나간다면 아무런 탈이 없이 될 것임을 믿는다.

97년 계획하는 일들을 다시금 심사숙고 하고 결정해야 될 것 같다. 매사에 더욱 심중을 기울이며 행동해야 되리라.

8월 16일

인간을 사랑하면 할수록 허전하고 쓸쓸해지는 것.

하나님의 사랑은 하면 할수록 기쁨이 충만하고 희열이 넘치는 것.

인간의 사랑은 나에게 만족을 해주지 못하고 항상 아쉬움과 갈급함으로 살아가게 만들었다.

반면 하나님의 사랑은 분명히 다른 오묘한 것이다.

지금까지의 내가 부딪혔던 일들을 경험 삼아 이제부터라도 나의 길을 묵묵히 가련다.

그리움을 함께하신 예수님

강은혜 지음

1판 1쇄 인쇄/ 2025년 5월 16일
1판 1쇄 발행/ 2025년 5월 21일

지은이 / 강은혜
펴낸이 / 우희정
펴낸곳 / 도서출판 소소리

등록 / 제300-2007-21호
주소 / 03073 서울 종로구 성균관로 5길 39-16
전화 / 765-5663, 010-4265-5663
e-mail: sosori39@hanmail.net

값 15,000 원

*잘못된 책은 바꿔드립니다.

ISBN 979-11-5891-211- 6 03810